Mujer, tú puedes alcanzar la libertad emocional

Promesas de Dios
para la esperanza
y la sanidad

JULIE CLINTON

PORTAVOZ

La misión de Editorial Portavoz consiste en proporcionar productos de calidad —con integridad y excelencia—, desde una perspectiva bíblica y confiable, que animen a las personas a conocer y servir a Jesucristo.

Título del original: *A Woman's Path to Emotional Freedom* © 2010 por Julie Clinton y publicado por Harvest House Publishers, Eugene, Oregon 97402. Traducido con permiso.

Edición en castellano: *Mujer, tú puedes alcanzar la libertad emocional* © 2013 por Editorial Portavoz, filial de Kregel Publications, Grand Rapids, Michigan 49501. Todos los derechos reservados.

Traducción: Rosa Pugliese

EDITORIAL PORTAVOZ
P.O. Box 2607
Grand Rapids, Michigan 49501 USA
Visítenos en: www.portavoz.com

ISBN 978-0-8254-1249-3 (rústica)
ISBN 978-0-8254-0353-8 (Kindle)
ISBN 978-0-8254-8507-7 (epub)

2 3 4 5 / 17 16 15 14 13

Impreso en los Estados Unidos de América
Printed in the United States of America

Mi corazón está con ustedes y mi deseo es
ver que todos acudan constantemente a Dios
para recibir una nueva provisión de amor.

Dedico este libro a las mujeres especiales de mi vida —mi madre Marylin Rothmann, mi hermana Jana Queen, mi hermosa hija Megan Ann— y a todas las mujeres preciosas del personal de *Extraordinary Women*, a los miembros de *Extraordinary Women Association* y a quienes asisten a las conferencias. ¡Que puedan superar siempre su dolor y vencer todo obstáculo para la gloria de Dios!

AGRADECIMIENTOS

Lo más parecido a ser sabio es vivir
rodeado de personas que lo son.

C. S. LEWIS

Le agradezco a mi Padre celestial por haberme bendecido dándome un círculo amplio de queridos colegas y preciados amigos que buscan su sabiduría y su guía cada día. Quiero agradecerles por el amor y el apoyo que me han dado en la elaboración de este libro.

Un agradecimiento especial para Pat Springle por ayudarme a escribir este libro. Siempre estás dispuesto a compartir tu sabiduría divina y tu don de redacción conmigo. Estoy realmente agradecida por tu trabajo arduo en hacer que este libro sea especial.

No parece suficiente extender mi sincero y sentido agradecimiento a la Editorial Harvest House por el apoyo y ánimo que me ha dado durante estos años, pero aquí va: gracias a Carolyn McCready, Gene Skinner y a todo el personal de Harvest House por darme la oportunidad de abrir mi corazón y ayudarles a las mujeres de todo el mundo a encontrar la libertad del dolor emocional.

Una vez más, mi más sincero agradecimiento al Dr. Joshua Straub, Amy Feigel y Laura Faidley por la experiencia en edición, investigación y conocimiento que aplicaron en este libro, ¡son personas maravillosas!

Y por supuesto, gracias al equipo de *E-Women* por dedicar largas horas a la semana para servir fielmente a Cristo y a las mujeres de todo el país. ¡Estoy agradecida y me siento muy bendecida por trabajar con ustedes!

Tim, Megan y Zach: doy gracias a Dios cada día por la bendición de tenerlos en mi vida. Son mucho más valiosos que cualquier otra cosa en el mundo. Dios me ha enseñado mucho sobre la estabilidad emocional por medio de cada uno de ustedes, ¡gracias por su paciencia cuando me dejo llevar por mis emociones!

Contenido

Ventanas al corazón de una mujer

Que la belleza de ustedes no dependa de lo
externo… sino de lo interno, del corazón, de la belleza
incorruptible de un espíritu cariñoso y sereno, pues
este tipo de belleza es muy valorada por Dios. Porque
así era la belleza de aquellas santas mujeres que en
los tiempos antiguos esperaban en Dios…

1 PEDRO 3:3-5 (RVC)

Puede que seas naturalmente bella, yo no. Me toma un poco de trabajo levantarme, vestirme y salir de casa.

Algunas mañanas, me encanta arreglarme; otras, detesto hacerlo. Sabes a qué me refiero: a la princesa que hay en ti le encanta arreglarse antes de ir a una fiesta, pero tu parte malhumorada que no quiere despertarse tan temprano, desea quedarse en la cama un poco más de tiempo (como lo hace tu esposo).

Los días buenos, me gusta mucho maquillarme los ojos. Mi esposo Tim (que es consejero) cree que esto debió comenzar cuando era niña. Quizás alguien se burló de mis ojos cuando era pequeña. No puedo recordarlo, pero por alguna razón siempre me ha fascinado maquillarlos con la cantidad perfecta de rímel, delineador y color.

También me fascinan las mujeres que venden cosméticos en los almacenes. Les gusta ayudarles a otras mujeres a encontrar el color de sombras perfecto. Veo que cuando no tienen clientes, practican entre ellas y se prueban nuevos productos. Sin embargo, a Tim no le gustan los cosméticos tanto como a mí, ni siquiera se detiene. Cuando camino más lento, pasa por mi lado con una sonrisa rápida y me dice gruñendo: "Estaré en la sección de hombres".

Para mí, estar unos minutos con las mujeres en la sección de cosméticos es como tomar cafeína, ¡puedo seguir comprando todo el día!

A lo largo de los años, he aprendido a observar también los ojos de otras mujeres. Me llaman la atención porque son una de las partes más expresivas del cuerpo. Nos esforzamos por resaltar la belleza que Dios nos dio, ocultar las arrugas, cubrir las bolsas de los ojos cuando estamos cansadas, y disimular las imperfecciones. Pero, sin importar cuánto maquillaje utilicemos, nuestros ojos expresan mucho más que belleza física. También revelan qué sucede en nuestro interior a nivel emocional. Con razón se dice que los ojos son las ventanas del alma.

Con solo un vistazo rápido o una mirada sostenida, las mujeres comunican, y a veces gritan, mensajes poderosos. Por ejemplo, al mirar los ojos de las mujeres, he visto…

- alegría cuando oyeron buenas noticias
- paz y contentamiento cuando confiaron en la bondad, sabiduría y fortaleza de Dios en medio del caos
- bondad genuina cuando se identificaron con las alegrías y las pérdidas de sus amigos
- amor apasionado cuando vieron a sus esposos o a sus prometidos (espero que Tim haya visto esa expresión en mis ojos)

Pero al mirar los ojos de las mujeres, también he visto…

- miradas seductoras cuando desearon hombres prohibidos
- enojo y hasta ira incontrolable cuando se sintieron terriblemente ofendidas
- una profunda tristeza y hasta desesperanza cuando no encontraron una forma de avanzar

- envidia cuando creyeron que merecían las bendiciones que otros disfrutaban

Y demasiado a menudo, me he mirado en el espejo después de un día pesado y he visto los ojos de una persona exhausta.

Desde luego, las expresiones de nuestros ojos son tan sutiles y expresivas que comunicamos miles de mensajes que no son tan ocultos. Algunas somos casi clarividentes por la habilidad que tenemos de leer las expresiones de las personas. Con solo mirarlas a los ojos, sabemos qué piensan y sienten exactamente. Pero para ser sincera, otras no tenemos ni la menor idea: miramos, pero no vemos. La persona que tenemos delante nuestro es como un libro hermoso, inspirador y profundo que está sobre una mesa, al alcance de nuestras manos, pero ni siquiera abrimos la primera página.

> Mis ojos son un océano en el que
> se reflejan mis sueños.
>
> ANÓNIMO

En una encuesta Gallup realizada en 1978, se les preguntó a las personas si ciertas cualidades estaban más relacionadas con los hombres o con las mujeres. El 90% de los adultos estadounidenses dijo que las mujeres son más emocionales que los hombres.[1]

¿Son las mujeres más emocionales que los hombres? Esta idea es común. Curiosamente, niños y niñas lloran casi por igual, pero cuando ellas alcanzan la pubertad, empiezan a llorar mucho más que ellos. Incluso, cuando tienen 18 años, lloran cuatro veces más que los varones.[2] Quizá los hombres se guardan sus sentimientos y nosotras sentimos y nos expresamos más. Por esta razón, en ocasiones estamos devastadas emocionalmente. Casi siempre nos lleva tiempo entender qué hay detrás de nuestros sentimientos. Algunas veces, no nos importa, solo necesitamos tiempo; otras veces, no entendemos lo que nos sucede o simplemente nos mentimos a nosotras mismas. Y demasiado a menudo, dejamos que nuestras emociones gobiernen nuestras vidas. ¿Estás de acuerdo?

Nuestros ojos lo dicen todo

En 1955, Joseph Luft y Harry Ingham unieron sus nombres para crear la Ventana de Johari, una herramienta psicológica que describe formas de comunicarse y relaciones interpersonales. La persona que hace el ejercicio, lee una lista de 55 adjetivos y elige cinco o seis que cree que describen mejor su propia personalidad. Después, su familia y sus amigos eligen cinco o seis adjetivos que la describen. A continuación, se ubican en un cuadro como el que se muestra a continuación:

	Lo que yo sé de mí	Lo que yo no sé de mí
Lo que los demás saben de mí	mi parte abierta o libre	mi parte ciega
Lo que los demás no saben de mí	mi parte oculta	mi parte desconocida

FIGURA 1. VENTANA DE JOHARI

La parte abierta o libre incluye las características nuestras que tanto nosotros como los demás conocen. Cuando una persona nos conoce por primera vez, dicha ventana está casi vacía. A medida que nuestra relación progresa, hay más información disponible para los demás.

En la parte ciega encontramos las cosas que otros conocen de nosotros, pero nosotros no. Son como trocitos de brócoli entre nuestros dientes. Por ejemplo, puede que no nos demos cuenta de que nuestras amigas no nos invitan a salir por la noche con ellas debido a nuestra tendencia a ser inflexibles.

En la parte oculta están las cosas que conocemos de nosotros mismos, pero que los demás no conocen. Raras veces damos a conocer partes de nosotros mismos hasta que confiamos en los demás.

Finalmente, la parte desconocida contiene las cosas que ni nosotros ni los demás conocen sobre nosotros mismos. Cuando hablamos de un sueño que tuvimos o sobre por qué somos tan tímidas con un grupo particular de personas, descubrimos partes nuevas de nuestra personalidad.

¿Cómo encajan tus emociones en la Ventana de Johari? Tú y tus amigas son muy conscientes de algunas de tus emociones, como el enojo contra tu hijo adolescente rebelde o la alegría al recibir flores de parte de tu esposo. También eres muy consciente de algunas emociones que guardas en secreto, como la profunda tristeza que sientes porque tu esposo está siempre trabajando. No puedes ver algunas de las emociones que otros ven, como cuando gritas demasiado a tus niños porque estás enojada con tus padres por haberte tratado mal.

En los últimos años, he hablado con miles de mujeres que han vivido grandes pruebas, dolor y confusión. A veces, he estado en la misma situación. Algunas somos muy conscientes del dolor que sentimos. De hecho, la pena constante y persistente nubla gran parte de nuestras vidas. Sin embargo, muchas nos hemos vuelto expertas en evitar o enmascarar nuestro dolor por un matrimonio disfuncional, un pasado de abusos, humillaciones en el trabajo, pérdidas o chismes. Pensamos: *No fue tan malo, él no lo pudo evitar* o *no pasó nada.* Pero sí pasó y dolió terriblemente.

Tratar de negar nuestro dolor solo hace que la herida arda debajo de la superficie, hasta que estalle en forma de enojo profundo o haga implosión en forma de depresión. Aunque tratemos de reprimir nuestras emociones alteradas, nuestros ojos cuentan la verdadera historia.

Existe un camino desde los ojos hasta el corazón
que no pasa por el intelecto.

G. K. CHESTERTON

Las cosas no siempre son lo que parecen

Recuerdo la historia de una mujer de 23 años que se llamaba Linda. En una visita a su familia política durante un fin de semana, fue al supermercado a comprar algunas cosas para la cena. Varias personas vieron que Linda estaba sentada en su auto en el estacionamiento del supermercado con las manos en la nuca y los ojos cerrados. Finalmente, un hombre, que la vio cuando entró al supermercado y luego al salir 30 minutos después, decidió asegurarse de que estuviera bien porque no se había movido en todo ese tiempo. Toc, toc, toc... el hombre golpeó la ventanilla del lado del conductor.

—¿Se encuentra bien? —le gritó.

Sin mover las manos, negó con la cabeza.

—Me dispararon... —le dijo articulando para que le leyera los labios.

Inmediatamente, el hombre llamó al número de emergencias.

Rápidamente, los paramédicos llegaron al lugar y le pidieron a Linda que abriera las puertas, pero se negó a hacerlo por temor a quitarse las manos de la nuca. Después de forzar la entrada al vehículo por la ventanilla del copiloto, empezaron a investigar lo que había sucedido.

—Me dispararon y he estado aquí sentada, sosteniendo mi cabeza —dijo llorando.

A medida que la policía y los paramédicos seguían investigando, descubrieron que no había ningún orificio de bala en el auto, sino una lata vacía de masa de pan en el asiento trasero. Al parecer, la lata había estallado por el calor, había sonado fuerte como un disparo y había lanzado la masa directo a la nuca de Linda. Ella perdió la conciencia por un instante, pero la recuperó rápidamente y, al palparse la nuca, decidió que debía quedarse quieta y sostenerse la cabeza para que no se le saliera el cerebro.

Las cosas no siempre son lo que parecen.

Pasa el tiempo y he aprendido a valorar la rara cualidad conocida como sabiduría, entendimiento o percepción. Es la habilidad de ver más allá de lo superficial para llegar al corazón de una persona o de una situación. Al pensar en la espiritualidad, las relaciones y la salud emocional, no conozco una cualidad que sea más valiosa que la sabiduría.

Si podemos ver el carácter y la mano de Dios claramente, confiaremos en Él, hasta en las épocas más difíciles de la vida. Si percibimos claramente qué hay en los demás, sabremos en quién podemos confiar y cuándo debemos tener más cuidado. Y si entendemos nuestros pensamientos y sentimientos, podemos decidir mejor en todos los aspectos de nuestras vidas, desde las finanzas hasta la familia, desde la satisfacción sexual hasta nuestro propósito en la vida.

En este libro, examinaremos algunas de nuestras emociones, heridas y deseos. También, exploraremos formas diarias de vivir en medio de una realidad llena de Dios. Desde el principio, quisiera aclarar que nuestras emociones indican nuestra condición interna actual. Hasta las emociones más dolorosas tienen un papel importante para llevarnos al Señor en busca de guía y consuelo.

El autor Philip Yancey escribió el profundo libro *El don del dolor* junto con el médico Paul Brand, un cirujano ortopédico que trabajaba con pacientes leprosos en India. A medida que Yancey lo observaba en su trabajo con los pacientes, se dio cuenta de que la *ausencia* de dolor era uno de los principales problemas asociados con esta temida enfermedad. Cuando las personas con lepra no sienten el calor de una llama, se queman los dedos; al no sentir el dolor de otras heridas, pierden partes de su cuerpo a causa de infecciones. Yancey concluyó que el dolor es el lenguaje que alerta a las personas sobre el peligro o la necesidad. Del mismo modo, las mujeres sabias reconocen el dolor como una luz roja intermitente en el tablero de mando de sus vidas que les advierte sobre algo que requiere atención.

Puede que queramos vivir libres de todo enojo, sufrimiento o temor, pero Dios no diseñó la vida para que fuera así. Toda clase de dolor es un regalo de Él y somos sabias al prestarle atención.

¿Está mal enojarse? No siempre. ¿Tener miedo? No siempre. ¿Sentirse triste? ¡Por supuesto que no! Sentir enojo, miedo o tristeza no está mal. Sin embargo, la manera de responder o de exteriorizar esos sentimientos puede resultar útil o hiriente. Negar nuestros sentimientos, reprimirlos, tratar de actuar como si nada hubiera pasado, permitir que esa experiencia alimente el deseo de vengarse de alguien… estas cosas sí están mal. Antes bien, debemos prestarles atención a estos sentimientos negativos para establecer límites saludables, decir la verdad y seguir adelante en nuestras vidas con valor.

Si reconocemos nuestras emociones con claridad (las dolorosas y las agradables), y respondemos de manera adecuada, podemos evitarnos mucho sufrimiento en nuestras vidas y en las de aquellos que amamos. Jesús nos enseñó que todo depende de la manera de percibir el mundo que nos rodea: "El ojo es la lámpara del cuerpo. Por tanto, si tu visión es clara, todo tu ser disfrutará de la luz. Pero si tu visión está nublada, todo tu ser estará en oscuridad. Si la luz que hay en ti es oscuridad, ¡qué densa será esa oscuridad!" (Mt. 6:22-23, NVI).

Jesús utilizaba con frecuencia el mundo físico para dar una lección espiritual. Si estamos ciegas, tropezamos y chocamos contra todo tipo de objetos. En el mejor de los casos, experimentamos molestias y necesitamos que otros nos guíen y, en el peor, nos sentimos desamparadas y desesperanzadas, vulnerables ante cualquiera que pueda dañarnos o aprovecharse de nosotras.

Pero Jesús no estaba hablando de ceguera física; estaba enseñándonos sobre la importancia del discernimiento espiritual. Con los ojos claros de la fe, vemos a Dios con mayor precisión: lleno de majestuosidad, poder y gracia. En vez de fijar nuestra mirada en nuestros problemas, podemos mirar más allá de las dificultades evidentes para ver que Él no nos ha abandonado. De hecho, utiliza nuestros problemas para cumplir sus propósitos en y a través de nuestras vidas, de formas que quizás nunca comprenderemos. Sabemos que el entendimiento del Señor es perfecto, por eso podemos confiar en Él.

Distracciones y engaños

La publicidad domina nuestro mundo. Estamos esclavizadas al culto de la próxima novedad. A nuestro alrededor, oímos que no podemos estar satisfechas, a menos que tengamos tal producto o tal servicio. Y con demasiada frecuencia, en vez de solo pensar en esos mensajes, cautivan nuestro interés. La publicidad trata de hacernos sentir insatisfechas con nuestras vidas para que compremos algo que alivie nuestro descontento y llene esa necesidad que acabamos de identificar.

Este proceso es una parte importante del consumismo, y puede nublar nuestro discernimiento espiritual. Nuestra cultura, así como nuestros padres, esposos, amigos y jefes, nos envían el mensaje de que nunca estaremos a la altura de sus expectativas, a menos que hagamos esto o lo otro, o que no podremos obtener la aprobación de ciertas personas si no hacemos lo que quieren (a la perfección). Estos mensajes distorsionan nuestra percepción de la realidad.

Las distracciones y los engaños son como lentes gruesos que distorsionan la manera en que vemos a Dios, los problemas, las oportunidades, las emociones y las personas. Algunas mujeres solo necesitan un ajuste pequeño para ver claramente; otras tienen problemas más serios. Los oftalmólogos tratan una amplia variedad de enfermedades oculares. Recuerdo cuando la madre de Tim perdió la vista por causa de la diabetes, que le provocó una hemorragia en sus ojos. Me decía que era como mirar a través de agua turbia.

Desde luego, no soy una especialista capacitada, pero tengo amigos que han sufrido problemas como glaucoma, cataratas, trastornos retinales y conjuntivitis. Si un amigo o un miembro de la familia sufriera alguna de estas enfermedades, esperaríamos, por supuesto, que consultara a un médico y recibiera la ayuda necesaria. De hecho, nos alarmaríamos si no tomara los pasos necesarios para recuperar su visión. Es tan importante para su salud y su felicidad, que cuestionaríamos su cordura si dejara de buscar un tratamiento. Pero, en el mundo espiritual, muchas nos contentamos con una visión borrosa de nuestras emociones, lo cual hace que deambulemos en medio de la confusión y no disfrutemos de nuestras relaciones más cercanas como deberíamos. Nos conformamos con solo pasar el día, en lugar de disfrutar todo lo que Dios tiene para nosotras.

Jesús dijo que si no tenemos entendimiento espiritual, nuestras vidas estarán en tinieblas. ¿A qué se asemeja tal oscuridad? A desesperación, ira, deseos seductores, envidia, desesperanza y agotamiento. Básicamente, lo opuesto al fruto del Espíritu.

Juan escribió en su Evangelio: "La luz vino al mundo, y los hombres [y las mujeres] amaron más las tinieblas que la luz" (Jn. 3:19). Esta acusación incluye a las personas perdidas, y hasta los que creen en Cristo se sienten a veces más cómodos escondiéndose en la oscuridad que enfrentándose a la luz de la verdad. Esto se debe a la naturaleza humana. Exponerse da miedo y nos amenaza hasta lo profundo del alma. Algunas de las mujeres más valientes que conozco han estado dispuestas a examinarse en profundidad y a enfrentar los hechos de su vida, algunos de los cuales son magníficos y gloriosos; otros son píldoras amargas, difíciles de tragar. Sería más fácil decir: "Esas cosas no me molestan", "No son verdad" o "Es culpa de alguien más, no mía". Sin embargo, Jesús siempre invitó a las personas a ser completamente sinceras. De alguna manera, entendieron que Él no los condenaba, sino que los amaba y les ofrecía perdón, restauración y sanidad.

Contestar preguntas profundas acerca de nuestras ideas puede llevarnos a más libertad, alegría y amor del que nunca imaginamos. Por ejemplo, ¿vemos a Dios como es realmente o hemos creado una imagen de Él buena pero distante, indiferente, débil, inofensiva y equivocada? Cuando leemos las Escrituras, encontramos en Cristo una mezcla de cualidades que no encontramos en ninguna otra persona de la historia. Él es soberanamente poderoso, creó la vasta expansión del universo con una palabra, pero es tierno como una madre que cuida a sus hijos.

En *Las crónicas de Narnia*, C. S. Lewis describe a Aslan, el león noble que representa a Cristo, como un ser bueno y a la vez, aterrador. A menudo, aparece justo en el último minuto, cuando los niños están en problemas; otras veces, desaparece sin dejar rastro. Sin embargo, en cada momento de la historia, siempre sabe lo que sucede y trabaja en sus propósitos grandiosos y misteriosos.

La Biblia dice que, además de ser poderoso y bueno, Dios está contigo en cada momento del día. ¿Tu percepción borrosa hace que te sientas sola? Cuando nos sentimos solas o abandonadas, es fácil encogernos de miedo o atacar llenas de ira. Pero cuando los ojos de nuestro corazón nos dicen que Dios es Emanuel (Dios con nosotros), nos sentimos protegidas, seguras, tranquilas y amadas. Por eso, somos responsables ante Él de tomar buenas decisiones, de confiar en su bondad y fortaleza incluso en los momentos más difíciles, y de pensar y hacer lo correcto.

¿Cómo vivirías si estuvieras completamente convencida de que Dios está contigo en cada momento? Imagina cómo sería tu vida. Probablemente dejarías de murmurar, no te debilitarías de miedo, no estallarías de ira ni te sentirías abrumada por el sufrimiento. En su presencia, te deleitarías mucho más en su amor, confiarías totalmente en su fortaleza y seguirías su sabia dirección con mucho más entusiasmo hacia donde quiere llevarte. Aceptarías su gracia para tus emociones heridas.

Los ojos de la fe nos ayudan a encontrar el camino hacia los pies de Jesús para disfrutar de su amor y escuchar sus enseñanzas. Igual que los hombres y las mujeres que lo siguieron, nos damos cuenta de que su perspectiva sobre las prioridades es opuesta al modo en que el mundo ve las cosas. Él enseñó que la manera de alcanzar la grandeza es servir a los demás. El camino hacia arriba es hacia abajo, lo interno es más importante que lo externo, y los "hermanos más pequeños" son la principal prioridad de Dios.

Estoy segura de que con frecuencia, las personas se alejaban de Jesús sin entender lo que había dicho. Un tema recurrente en sus enseñanzas era que la verdadera realización que deseamos no surge al llenar nuestras vidas de posesiones, posiciones y popularidad; sino al dedicarle nuestras vidas a Él y a su causa de forma desinteresada. Les dijo a sus seguidores: "Si alguno quiere venir en pos de mí, niéguese a sí mismo, y tome su cruz, y sígame. Porque todo el que quiera salvar su vida, la perderá; y todo el que pierda su vida por causa de mí, la hallará" (Mt. 16:24-25).

Los ojos de la fe nos permiten atesorar lo que Dios atesora y seguir sus caminos, aun cuando las personas que nos rodean siguen un rumbo diferente. Solo aquellos con entendimiento espiritual están dispuestos a perder su vida para encontrar verdadero significado y alegría. En vez de reaccionar ante los disgustos con quejas, podemos buscar la mano de Dios, que trabaja tras bambalinas con tenacidad, y cultivar una actitud de agradecimiento. En lugar de ceder ante las exigencias de los demás para evitar el dolor del conflicto, podemos decir lo que opinamos con valor y diplomacia. En vez de elegir el camino fácil y tentador de murmurar sobre una amiga, podemos contener nuestra lengua y proponer la oración como mejor opción. Los ojos de la fe no siempre nos conducen por la senda más fácil, pero identifican el camino que le agrada a Dios y, en Él, encontramos verdadera alegría y paz.

Confiarle el mañana a Dios le da significado al hoy

La habilidad que el Señor nos da de ver más allá de nuestras emociones se pone en práctica en las situaciones y con las personas que enfrentamos cada día, pero el entendimiento espiritual también nos permite anticipar el futuro. Es como hablar con mis hijos acerca de las situaciones que enfrentan a medida que crecen. Algunas veces, no nos *sentimos* bien al hacer lo correcto, pero al final, sabemos que tomamos la decisión correcta. Esto puede ser difícil y requiere de discernimiento, poder y estabilidad espiritual para saber si nuestra decisión o acción es correcta.

Algún día, la transformación del universo que comenzó con la resurrección de Jesús se extenderá a cada átomo de toda la creación. Las Escrituras nos dicen que Dios no acabará con el mundo tal como lo conocemos, sino que lo utilizará para crear un cielo nuevo y una tierra nueva. Nuestra certeza sobre el futuro nos da valor en el presente. El autor y obispo N. T. Wright escribió que la resurrección de Jesús señala una realidad futura gloriosa que nos da esperanza en el presente y nos motiva poderosamente a vivir para Cristo cada día. En su libro *Siguiendo a Jesús*, relaciona estos conceptos:

> Cada acto de justicia, cada palabra de verdad, cada creación de genuina belleza, cada acto de amor sacrificial será reafirmado en los últimos días, en el nuevo mundo. El poema que vislumbra la verdad de una nueva forma, la taza de té que se le da con ternura al desvalido sin hogar, dejar de lado mis propios anhelos para apoyar y apreciar a alguien que depende de mí, hacer el trabajo de manera honrada y cuidadosa, la oración que proviene del corazón y de la mente; todo esto y mucho más son elementos fundamentales para el reino. Puede que todavía no veamos cómo se acoplarán a la estructura final de Dios, pero el hecho de la resurrección —su gozosa reafirmación de la verdadera humanidad— nos asegura que lo hará.[3]

Como veremos en cada capítulo de este libro, el entendimiento espiritual nos ayuda a comprender nuestras emociones poderosas y nos da esperanza para el presente y para el futuro.

¡Qué bueno que Dios sea tan paciente con nosotros! Ni siquiera los que seguían a Jesús de cerca podían entender la profundidad de sus conocimientos. A veces, sus emociones dolorosas amenazaban con aplastarlos. Me encanta cuando los discípulos despertaron a Jesús en medio de una feroz tormenta porque la barca se estaba hundiendo. ¡Estaban aterrados! Jesús se despertó, y calmó el viento y las olas sin mucho alboroto, sin ningún problema. Los discípulos se miraban y se preguntaban: "¿Quién es este hombre?". Pensaban que comprendían quién era, pero Él era mucho más maravilloso de lo que creían.

Un elemento importante de la visión espiritual es el asombro. Si no nos maravillamos de Jesús, si no nos cautiva su sabiduría ni nos deslumbra su poder, no sabemos quién es en realidad. Salomón dijo: "El principio de la sabiduría es el temor [asombro reverencial] de Jehová". El entendimiento espiritual comienza con una comprensión cada vez mayor de la grandeza maravillosa y la bondad profunda de Dios. Él es la fuente de luz y, a la luz de su verdad, aprendemos a ver a cada persona, circunstancia, problema y oportunidad con los ojos de la fe. Y la buena noticia es que nos ama a ti y a mí.

Cuando nuestras vidas están llenas de amor, paz y esperanza, cambia la expresión de nuestros ojos: las líneas de alrededor se suavizan, las miradas de enojo o de temor se transforman en miradas de alegría y confianza (y puede que no necesitemos tanta sombra o rímel para esconder nuestras expresiones).

Mi esperanza para ti

Si has visto el índice de contenido de este libro, sabes hacia dónde vamos. Analizaremos una variedad de emociones heridas. Algunas de nosotras ocultamos (de forma más o menos eficaz) heridas sin curar, temores destructivos, enojo profundo y deseos impensables. Veremos algunas mujeres de la Biblia que enfrentaron retos similares y descubriremos principios que nos ayudarán a tratar estas dificultades con entendimiento y esperanza.

Desearía que todas pudiéramos recibir un entendimiento claro como el agua con solo pulsar un botón, ¡pero adquirirlo no es como una cirugía ocular láser que promete una cura completa y al instante! No, adquirir entendimiento espiritual es un proceso, más parecido a una caminata por un sendero de montaña hermoso pero empinado, que a una solución instantánea. Una visión clara no resuelve todos nuestros problemas ni hace desaparecer los sentimientos dolorosos, pero nos permite comprender mejor los designios de Dios y experimentar su paz, aunque no sepamos qué está haciendo.

Puede que estés leyendo este libro para tener una mejor perspectiva o para ayudar a alguien que amas. De cualquier manera, confío en que el Señor responderá para ti la oración que Pablo hizo por los cristianos de Éfeso hace muchos años:

> Pido que el Dios de nuestro Señor Jesucristo, el Padre glorioso, les dé el Espíritu de sabiduría y de revelación, para que lo conozcan mejor. Pido también que les sean iluminados los ojos del corazón para que sepan a qué esperanza él los ha llamado, cuál es la riqueza de su gloriosa herencia entre los santos, y cuán incomparable es la grandeza de su poder a favor de los que creemos (Ef. 1:17-19, NVI).

Espero que Dios te dé el valor de ser sincera cuando te mires al espejo. Tus ojos son las ventanas de tu alma. Cuando te mires, espero que veas mucha alegría, paz y amor. Pero, a pesar de lo que veas, puedes estar segura de que Dios te ofrece su gracia y desea darte una visión espiritual mucho más rica, profunda y clara de la que has tenido. Con su amor y entendimiento, puede sanar hasta las emociones más heridas, solo que toma tiempo y requiere valentía. No habrías elegido este libro si no estuvieras preparada para tomar la mano de Dios y dar pasos hacia adelante, así que hazlo.

Al final de cada capítulo, encontrarás algunas preguntas para reflexionar. Yo suelo sacar más provecho de los libros cuando dedico tiempo a pensar en los temas que presenta el autor. Estas preguntas te ayudarán a comprender mejor tus ideas y percepciones. Espero que disfrutes al contestarlas. Y a propósito, pueden estimular debates enriquecedores con tu esposo, tus amigas, en tu clase o con tu grupo pequeño.

Sana tu herida

1. ¿Conoces a alguien que pueda "entender" a las personas con solo mirar la expresión de sus ojos? ¿De qué manera este don le ayuda en sus relaciones?

2. ¿En qué sentido decimos que no hay emociones buenas o malas?

3. ¿Cómo puede Dios usar nuestras emociones más dolorosas de manera positiva en nuestras vidas?

4. Lee Mateo 6:22-23. ¿De qué manera tu ojo es una lámpara? ¿Qué significa que todo tu cuerpo está lleno de luz?

5. Cuando percibes a Dios como maravilloso, ¿cómo influye esto en cada aspecto de tu vida? ¿Cómo te afecta verlo desinteresado y sin poder?

6. Reflexiona silenciosa y profundamente en la declaración de Jesús de Mateo 16:24-25. ¿Qué emociones provocan estos versículos en ti? Explica tu respuesta.

7. ¿Qué esperas recibir de este libro?

8. Lee Efesios 1:17-19. Parafrasea las palabras de Pablo y aprópiate de esa oración al comenzar a leer este libro.

1

Ansiosa y temerosa

Muchos nos crucificamos entre dos ladrones:
el remordimiento por el pasado y el temor al futuro.

FULTON OURSLER

Tim estaba fuera de la ciudad y Zach estaba con un amigo, así que era el momento perfecto para que Megan y yo comenzáramos la limpieza de primavera.

Después de unas horas de quitar el polvo, barrer y limpiar las ventanas, decidimos ir a comprar unas cestas colgantes y macetas para poner en el porche, al lado de la piscina. Visitamos varios lugares mientras tratábamos de definir qué flores, plantas y colores quedarían mejor. Al rato, como suele ocurrir, regresamos a la primera tienda de jardinería que habíamos visitado. Allí, las hermosas macetas y las cestas colgantes estaban llenas de flores, alineadas en hileras ordenadas sobre trocitos de madera. Elegimos con cuidado las más bellas que encontramos y le pagamos al empleado, quien las llevó hasta el auto.

No imaginábamos que llevábamos otra cosa en el auto camino a casa.

Conduje por nuestra entrada de camino circular y estacioné cerca de la puerta principal de nuestra casa. Megan y yo salimos del auto, comenzamos a descargar las macetas y a ubicarlas detrás de la puerta.

—Mamá —dijo Megan—, creo que eso es todo. ¿Quieres que lleve las cestas colgantes al lado de la piscina?

—Sí, por favor. Eso sería genial —le dije mientras terminaba de descargar otros artículos que habíamos comprado. Estaba cerrando la ventanilla cuando oí un grito escalofriante.

—¡Aaayyy! —gritó Megan—, ¡hay una serpiente en la casa!

Inmediatamente, subí corriendo los escalones de la entrada y, efectivamente, había una serpiente en un rincón de la sala.

Imagínanos a Megan y a mí paradas, mirando a la serpiente cara a cara y preguntándonos qué hacer. Debió estar en alguna de las macetas, o sea que ¡estaba en el auto con nosotras y alguna de las dos la entró en la casa!

¿Crees que las serpientes son desagradables? Deberías ver a Tim cuando encuentra una araña. Es una escena digna de los programas de humor de la televisión noctura. Verlo bailar por la sala no tiene precio.

Sin embargo, entiende bien el temor porque es consejero. De hecho, una vez estaba parado debajo de un árbol y ¡una serpiente cayó sobre él! Hasta hoy, dice que cada vez que ve una serpiente, puede sentir cómo envuelve su cuello. Menos mal que estaba fuera de la ciudad el día que el animal vino conmigo y con Megan a casa.

El temor a las arañas o a las serpientes es común, pero Tim dice que no se sabe seguro que esos temores sean innatos. Algunos psicólogos sugieren que nacemos con cinco temores; otros dicen que nacemos con dos. Generalmente, las personas tienen temor a las siguientes cinco cosas:

> muerte
> vergüenza
> pérdida del amor
> rechazo
> alturas (a caerse)

Una reciente encuesta Gallup les preguntó a adolescentes entre 13 y 15 años cuál era su mayor temor. Aquí están las diez respuestas más comunes, empezando con la más común:

> ataques terroristas
> arañas
> muerte

fracaso
guerra
alturas
violencia criminal o de pandillas
estar solo
el futuro
guerra nuclear[1]

¿Tienes temor de alguna de estas cosas? Yo sí, especialmente ahora que sabemos que no somos inmunes a los ataques terroristas o a la violencia. Mientras escribía este libro, ejecutaron en Virginia a John Allen Muhammad, conocido como el "Francotirador de D.C.", siete años después de que él y su cómplice Lee Boyd Malvo asesinaran a diez personas en esa zona. Su ejecución hizo renacer los temores de muchos residentes del Distrito de Columbia y los llevó a reevaluar sus rutinas diarias para evitar ser la próxima víctima.[2]

El temor es una respuesta natural ante la amenaza (real o percibida) de un peligro, un mal o un dolor inminente. Siempre se trata de una respuesta ante algo futuro: algo que sucederá o que pensamos que sucederá. Tómate un momento y piensa: ¿cuáles son algunos de tus principales temores? ¿Cómo reaccionas cuando te enfrentas a algo que te produce temor?

El temor en las relaciones

Conozco a dos hermanas que muestran formas diferentes en que el temor controla la vida de las personas. Se llevan dos años de diferencia, crecieron juntas y ahora tienen treinta y tantos años. Ahí se acaban las similitudes. Cuando conocí a Susana, inmediatamente me impresionó su espíritu jovial. Siempre tenía una palabra amable para las personas que se cruzaban en su camino a diario. La primera vez que la vi enfrentar una dificultad, noté que manifestó su firme confianza en Dios de inmediato. A medida que pasaba el tiempo y otros se enfrentaban a todo tipo de aflicciones, ella sonreía y decía palabras de fe con convicción.

Admiro a las personas que confían en Dios en las buenas y en las malas, pero Susana era diferente. Parecía incapaz de enfrentar los momentos duros de la vida de manera realista. Cuando supe sobre la enfermedad extenuante que amenazaba la vida de su hijo, le expresé mi tristeza y la abracé, pero me dijo animadamente: "Oh, no te preocupes. Dios tiene todo bajo control y podemos confiar en Él". Sospeché que su espiritualidad superficial encubría algo muy doloroso, pero no sabía qué era.

Después conocí a su hermana. Naturalmente, Beatriz se parecía a Susana en los rasgos faciales, en el color y la textura del cabello, y en otros atributos físicos; pero su conducta era tan opuesta a la de Susana como el día de la noche. Beatriz era inflexible, poco afectiva, extremadamente directa y nunca endulzaba un suceso doloroso o una relación difícil. Tenía cada momento de su vida bajo control y exigía que cualquiera bajo sus órdenes mostrara conformidad instantánea.

Estuve con las dos un par de días y me sorprendí por el contraste de mentalidad, actitud y conducta entre ellas. Se habían criado en el mismo hogar, pero ¡parecían de dos planetas diferentes! Como no logré atravesar la coraza protectora de Susana, intenté hablar con Beatriz. Con total naturalidad, debido a su forma de ser, me dijo la verdad.

—Nuestra familia era un verdadero desastre —dijo sin pizca de timidez ni de autocompasión—. Papá era un borracho y nos pegaba a mamá, a Susana y a mí cuando llegaba a casa. Después, se disculpaba, pero el daño ya estaba hecho.

—¿Cómo crees que te afectó su maltrato? —le pregunté.

Beatriz me miró con una determinación de acero.

—Decidí que nadie me volvería a herir *jamás*.

Y lo decía en serio. Como resultado, las relaciones de Beatriz y Susana estaban envenenadas por el temor a ser heridas.

Es probable que el temor sea la emoción humana más común. Me gustaría decir que es el amor, la alegría o la paz, pero creo que no. De hecho, el temor es tan común que ni siquiera lo reconocemos. Somos como peces que no se dan cuenta de que están mojados. Nuestra respuesta al temor varía: algunas mujeres se paralizan, otras se sienten obligadas a controlar todo lo que las rodea. Pero en cierta medida, todas experimentamos el temor y, a menos que respondamos de forma sincera y valiente, es probable que moldee nuestras vidas de forma poco saludable.

¿A qué tienen miedo las mujeres? A casi todo. Uno de los más grandes temores es al rechazo. Ansiamos relacionarnos, sentirnos amadas y seguras, y tenemos miedo de que no nos aprecien las personas que valoramos. Puede que temamos el fracaso en el trabajo, en la iglesia, en el hogar o en la cama; y vivimos con la esperanza de tener el éxito necesario para cumplir con las expectativas de los demás y que nos acepten. Puede que tengamos miedo de ser pobres, por lo que acumulamos dinero; o a la inversa, puede que temamos ser excluidas de un grupo a menos que mantengamos las apariencias, por lo que gastamos mucho dinero en ropa, en autos y en el gimnasio.

Los temores crean su propio ciclo porque el reconocimiento y el éxito son muy fugaces. Incluso cuando tenemos la aprobación y el elogio que anhelamos, los buenos sentimientos no duran mucho. Entonces nos damos cuenta de que debemos hacer mucho más para seguir siendo el centro de atención y nos sentimos más impulsadas a actuar.

Naturalmente, calculamos el costo de cualquier riesgo o encuentro personal, y determinamos si vale la pena arriesgarse por el beneficio potencial. Muchas mujeres se sienten atrapadas entre la esperanza y el temor en esa "tierra de nadie", especialmente en sus relaciones con los hombres. La periodista y autora canadiense Merle Shain dijo: "Amar puede costar mucho, pero no amar siempre cuesta más, y aquellos que tienen temor de amar descubren con frecuencia que la falta de amor es un vacío que le roba la alegría a la vida".[3] Cuando retrocedemos por temor, pensamos que nos protegemos de un daño, pero realmente nos privamos de experimentar la vida verdadera. Desde luego, no deseamos tomar riesgos insensatos ni confiar en personas poco confiables, pero podemos aprender a confiar en otros de manera sabia y cautelosa.

Sola, junto al pozo

La mayoría de los judíos del siglo I a.C. que viajaban desde Judea a Galilea tomaban un camino más largo alrededor de Samaria, ya que detestaban a sus habitantes porque eran mestizos, apóstatas religiosos y antiguos enemigos políticos. Los buenos judíos ni siquiera hablaban con los samaritanos ni entablaban relaciones con ellos. Pero naturalmente, Jesús no era como la mayoría de los judíos del siglo I a.C. Estoy segura de que sus discípulos se quedaron perplejos cuando decidió atravesar Samaria con ellos.

Jesús se sentó junto al pozo cerca del pueblo de Sicar al mediodía, mientras sus discípulos compraban comida en el pueblo. Él los esperaba cuando llegó una mujer a sacar agua del pozo. Todas las mujeres de la ciudad iban por la mañana temprano, a la hora acostumbrada, pero ella fue al mediodía. ¿Por qué? ¿Trataba de evitar a las demás?

Ella era una adúltera, una marginada entre los marginados. Probablemente, las evitaba porque estaba cansada de sus burlas y vituperios. ¿Su temor determinó su horario y la aisló? Es probable, pero Jesús vio más allá de su temor y le habló al corazón.

La mujer debió reconocer que Jesús era judío por su vestimenta y supuso que tendría prejuicios contra ella. Cuando Él inició el diálogo y le pidió agua para beber, ella se sorprendió. A medida que la conversación avanzaba, Él le habló de manera sincera, pero amable. Sacó a la luz los secretos de ella sobre sus relaciones, pero el comportamiento y la iniciativa de Jesús le aseguraron amor y perdón, en vez de condenación. Cuando le reveló que Él era el Mesías —el que ella había estado buscando—, sus temores se fundieron en su amor y creyó. Estaba tan emocionada con este encuentro con el Mesías, al parecer casual e increíblemente liberador, que corrió al pueblo para contarles a todos los que conocía, incluso a quienes la habían rechazado, acerca del perdón y del amor que había encontrado.

Cuando los discípulos regresaron y vieron lo que estaba sucediendo, probablemente sacudieron la cabeza y pensaron: *¿Qué* *está haciendo? Vamos al pueblo por una hamburguesa con queso y ¡Él no come por pasar tiempo con ella!* El apóstol Juan escribió: "En el amor no hay temor, sino que el perfecto amor echa fuera el temor; porque el temor lleva en sí castigo. De donde el que teme, no ha sido perfeccionado en el amor" (1 Jn. 4:18). Esa mujer había vivido bajo una nube de temor al rechazo, al abandono, al ridículo, pero el amor de Jesús atravesó sus defensas y las dudas de su corazón. Finalmente, se convirtió en una mujer nueva.

No tengo miedo del mañana,
porque he visto el ayer y amo el hoy.
WILLIAM ALLEN WHITE

Solo por diversión, tenemos una lista de algunos temores poco frecuentes.

Antofobia: miedo a las flores
Aritmofobia: miedo a los números
Bibliofobia: miedo a los libros
Clinofobia: miedo a ir a la cama
Pedofobia: miedo a los niños
Hipnofobia: miedo a dormir o a quedarse dormido
Lisofobia: miedo a la locura
Fobotriviafobia: miedo a los juegos de preguntas y respuestas sobre fobias
Dromofobia: miedo a cruzar la calle
Cacofobia: miedo a las personas feas
Araquibutirofobia: miedo a que la mantequilla de maní se pegue al paladar
Catisofobia: miedo a sentarse
Hipopotomonstrosesquipedaliofobia: miedo a las palabras largas
Scolionofobia: miedo a la escuela
Urofobia: miedo a la orina o a orinar
Xenoglosofobia: miedo a las lenguas extranjeras

Una nueva perspectiva

Hace unas semanas, conducía por la Ruta 501, una autopista de cuatro carriles que tomo para ir a casa. Mientras pensaba en mis cosas y viajaba a la velocidad límite, vi a otro auto que se movía lentamente, pero tenía miedo de adelantarlo porque zigzagueaba de un carril a otro y, a veces, ocupaba los dos. No sabía si el conductor estaba ebrio, dormido o si tan solo no prestaba atención. Después de seguirlo durante kilómetro y medio, tuve el valor de adelantarlo. Cuando lo hice, vi al conductor: una joven que enviaba mensajes de texto a través de su teléfono celular (justamente otra razón para tener miedo a conducir).

¡Algunos temores son claramente útiles! Conducir en una autopista llena de autos cerca de un conductor que envía mensajes de texto a través de su teléfono celular, produce un temor legítimo y exige una respuesta inteligente: adelantar rápidamente, desacelerar y seguirlo, o ¡arrojarle un monedero! (hablaremos de eso después). Cuando las personas sienten que la tierra se mueve en California, experimentan un temor normal y razonable por su seguridad. Los miedos saludables al peligro nos mantienen alertas y sensibles. Hacemos bien al prestarles atención y actuar como corresponde, a menos que aumenten desmesuradamente y consuman nuestras vidas.

Pero, ¿qué hacemos con los temores devastadores y arrolladores que nos hacen sentir fuera de control porque se han apoderado de nuestras vidas? Amenazan nuestra estabilidad y seguridad, de modo que atacamos debido al enojo o nos encogemos del terror. Nos esforzamos por desarrollar cierta estabilidad y forjar cierto sentido en nuestras vidas. Nuestros temores nos hacen sentir terriblemente vulnerables, por eso atacamos ante la menor provocación o nos escondemos, incluso ante el más mínimo indicio de un problema. Construimos muros altos y gruesos para proteger nuestro corazón, pero nos impiden acercarnos a otros íntimamente. Mentimos para hacerles creer a otros que estamos un poco mejor que ellos o para que se vean peores que nosotras. Tarde o temprano, puede que hayamos dicho tantas mentiras que ni siquiera recordemos cuál es la verdad.

Cuando los temores controlan nuestras vidas, nos sentimos víctimas y no podemos vernos de otra manera. Creemos que las personas (y Dios también) nos han perjudicado y exigimos que alguien nos haga sentir mejor. Finalmente, la autocompasión nos lleva a la pasividad. En vez de tomar medidas para cambiar la situación, esperamos que alguien lo haga por nosotras, pero esto rara vez sucede. Nos volvemos frágiles y exigentes, fáciles de herir, pero esperamos que los demás hagan lo imposible por nosotras. Cuando no lo hacen, nos sentimos heridas otra vez, y el ciclo continúa.

Las mujeres que están moldeadas por el temor tienen una "mentalidad de blanco y negro": no se sienten lo suficientemente seguras y protegidas para ver los matices grises y tomar decisiones difíciles. Por eso, tratan de simplificar la vida de forma automática y ven a las personas totalmente buenas o malas. En las relaciones, se comprometen totalmente o no quieren saber nada de ellas. A menudo, esto sucede porque las personas que se suponía que tenían que amar o confiar en ellas, son quienes las han herido. Por esta razón, las relaciones resultan ser una combinación desconcertante entre alegría y dolor.

Recuerdo a una mujer que juraba que su esposo la engañaba. Juntos disfrutaban en gran manera cuando él estaba en casa pero, siempre que viajaba por negocios, lo llamaba a su teléfono celular cada 30 minutos para asegurarse de que estaba en el lugar que le había dicho. Si no respondía o no le devolvía la llamada, lo llamaba al hotel. Cada vez que regresaba a casa, no le hablaba hasta que él se disculpaba por no atender el teléfono. Cuando estaba en casa el tiempo suficiente para que ella se sintiera segura de nuevo, volvían a comportarse como recién casados. Sin embargo, la paralizaba el temor de que la engañara, lo cual ahogaba su matrimonio. Como resultado, sus peores temores se hicieron realidad, no porque él la engañara, sino porque ella estaba fuera de control y él ya no la soportaba.

Los temores extremos se convierten en fobias diagnosticables, y consumen la vida de las personas robándoles la alegría y la libertad. El temor es un componente fundamental del comportamiento obsesivo-compulsivo, los ataques de pánico y otros tipos de desórdenes relacionados con el temor, en los que las personas se sienten obligadas a controlarse a sí mismas o a su entorno en un intento de sentirse seguras.

Algunas relaciones o situaciones son amenazantes. En estas circunstancias, el temor es completamente razonable, y necesitamos tomar medidas para protegernos. Si tenemos ese tipo de relaciones, el temor racional debe llevarnos a actuar: decir la verdad, establecer límites, evitar fiarse de personas poco confiables y dar pasos hacia una relación más saludable, basada en la confianza y el respeto. Si la persona está de acuerdo, se puede restaurar la relación. Sin embargo, es ridículo confiar en personas que han demostrado ser poco fiables. Superar nuestros miedos no nos hace vulnerables ante personas abusivas; antes bien, nos da fuerzas con el fin de tener valor y dar pasos de fe para protegernos y ofrecer un camino de reconciliación.

> Ganas fuerza, valor y confianza en cada experiencia
> en la que te detienes a mirar al miedo a la cara. Debes
> hacer lo que crees que no eres capaz de hacer.
>
> ELEANOR ROOSEVELT

Un paso adelante

Si quieres cambiar tu situación, el primer paso es evaluarla con precisión. Muchas mujeres están atrapadas en el temor porque ni siquiera se dan cuenta de que lo sienten. Una mujer estudió este tema, reflexionó sobre su vida y me dijo con tristeza: "Julie, no me había dado cuenta hasta hoy de que he vivido bajo una nube de temor. Todo lo que he hecho, lo que he dicho y cada relación que he tenido ha sido por temor a estar sola. ¿Qué puedo hacer?". Ella dio el primer paso hacia la esperanza y la sanidad.

Dios sabe bien que somos frágiles y que el temor puede consumir nuestro corazón y paralizarnos. Muchas mujeres que conozco tienen miedo al fracaso; otras, al rechazo. No creo que sea una coincidencia que el mandato "No teman", aparezca 365 veces en la Biblia. Necesitamos escucharlo todos los días. No te sorprendas cuando el Espíritu Santo te dé una palmadita en el hombro y te susurre: *Estás actuando por temor. Recuerda que estoy contigo, y sé valiente.*

Puede que pensemos que el temor y la fe están completamente separados y que nunca ocupan el mismo espacio en nuestro corazón, pero no es así. La fe no es la ausencia de temor, sino la decisión de depender de la verdad y del poder de Dios, aun cuando estemos asustadas. Puedo sentir el consuelo y el valor que el salmista debió sentir al escribir: "En el día que temo, yo en ti confío" (Sal. 56:3). No dijo que confiaría en Dios cuando se fueran sus temores o cuando no los tuviera. Decidió confiar en la bondad, fortaleza y sabiduría del Señor en medio de su temor.

Los temores que están profundamente arraigados en un pasado doloroso no desaparecen de forma mágica. Ocuparon un lugar en nuestras vidas de manera gradual, pero la gracia de Dios puede disolverlos poco a poco. Este proceso incluye a otras personas, pues así como fuimos heridas en las relaciones, también experimentamos sanidad y esperanza en las mismas. Busca a una amiga confiable con quien hablar, alguien que no tenga respuestas inmediatas a los problemas a largo plazo, que te comprenda, sienta compasión por ti y te muestre el camino hacia el amor perfecto de Cristo, que echa fuera nuestros temores desmesurados. Esta es la clave: experimentar cada día el amor y la fortaleza de Dios en profundidad, y dejar que su bondad y su grandeza llenen tu corazón y reemplacen tus temores.

Tu amiga de confianza te ayudará a enfrentar tus temores y a desarrollar nuevas habilidades para manejar tu vida. En lugar de encerrarte en una pasividad desesperanzada, aprenderás a hablar sin temor, a trazar un nuevo rumbo y a tomar medidas para alcanzar tus metas. No exigirás que otros estén de acuerdo contigo porque el amor reemplazará tu temor y serás capaz de amar realmente a las personas, en lugar de controlarlas.

Muchas mujeres siguen actuando y sintiéndose igual día tras día, año tras año, solo porque creen que no hay otra forma de vivir. ¡Estoy aquí para decirte que *sí* la hay! ¡Tenemos una opción! No debemos dejarnos manejar por nuestros temores. Podemos admitir que existen, hablar con amigas sabias que nos ayuden a procesar el dolor sepultado, cambiar nuestra percepción de la realidad y dar pasos arriesgados para recuperar nuestras vidas. Cuando lo hagamos, el mundo se abrirá ante nosotras.

Siendo sincera contigo misma, ¿ves algún área de tu vida que muestre los efectos del temor desmesurado y controlador? ¿Tienes alguna amiga o miembro de la familia que necesite a alguien como tú que le ayude a derretir esos temores mediante el amor de Dios? Tómate un momento para pensar si hoy puede ser el día de comenzar a enfrentar tus temores de una manera nueva.

Sana tu herida

1. ¿Cuáles son algunos de los temores más comunes que experimentan las mujeres?

2. ¿De qué forma controlan esos temores sus vidas, las hacen sentir frágiles y las obligan a protegerse a sí mismas?

3. ¿Cuáles son algunos de los temores útiles? ¿Cuándo son inútiles?

4. Lee Juan 4:1-42. ¿De qué forma demostró la mujer samaritana sus temores? ¿Cómo le habló Jesús a su corazón? ¿Cómo respondió ella?

5. ¿De qué manera conducen los temores a la autocompasión y a la pasividad?

6. ¿Existe algún temor desmesurado que controle tu vida? Explica tu respuesta.

7. Si es así, ¿tienes alguna amiga confiable con quien puedas hablar?

Pasajes bíblicos sobre el temor

"En el amor no hay temor, sino que el perfecto amor echa fuera el temor; porque el temor lleva en sí castigo. De donde el que teme, no ha sido perfeccionado en el amor" (1 Jn. 4:18).

"Aunque ande en valle de sombra de muerte, no temeré mal alguno, porque tú estarás conmigo; tu vara y tu cayado me infundirán aliento" (Sal. 23:4).

"Jehová es mi luz y mi salvación; ¿de quién temeré? Jehová es la fortaleza de mi vida; ¿de quién he de atemorizarme?" (Sal. 27:1).

"Jehová está conmigo; no temeré lo que me pueda hacer el hombre" (Sal. 118:6).

"Porque no nos ha dado Dios un espíritu de cobardía, sino de poder, de amor y de dominio propio" (2 Ti. 1:7).

"Mas la misericordia de Jehová es desde la eternidad y hasta la eternidad sobre los que le temen, y su justicia sobre los hijos de los hijos" (Sal. 103:17).

"¡Todos los que temen al Señor, confíen en el Señor! Él es su ayudador y su escudo" (Sal. 115:11).

"Bienaventurado el hombre que teme a Jehová, y en sus mandamientos se deleita en gran manera" (Sal. 112:1).

"Aunque un ejército acampe contra mí, no temerá mi corazón; aunque contra mí se levante guerra, yo estaré confiado" (Sal. 27:3).

¿La aflicción: El dolor nos roba la alegría

Si estamos lo suficientemente tranquilos
y prevenidos, podremos encontrar una
retribución en cada decepción.

HENRY DAVID THOREAU

A medida que revisaba mi lista, me sentía bien.

Lavar los platos: listo.
Limpiar la casa: listo.
Lavar y doblar la ropa: listo.
Pagar las cuentas: listo.
Ir al banco: listo.
Llevar a Simba al veterinario para las vacunas: listo.

Había tenido un día realmente productivo, hasta que Tim llegó a casa.

—¡Hola, cariño! —gritó al pasar por la puerta.

—¡Hola! —le respondí con una exclamación de alegría. A medida que se acercaba hacia las escaleras para saludarme, notó dos cosas de inmediato: yo tenía puesta mi sudadera, pues me estaba preparando para hacer ejercicio, y había un montón de ropa limpia y doblada, lista para guardar, sobre la mesa de billar.

—¿Qué hiciste hoy? —murmuró—. ¿Pudiste salir?

Pensó que yo no había hecho nada porque tenía puesta mi sudadera, así que puedes imaginarte lo que pasó por mi mente: *¡Piensa que estuve todo el día sentada sin hacer nada!* Para rematar, estaba en uno de esos días fatales de síndrome premenstrual y, por un momento, pensé en golpearlo. Solo espera a la próxima vez que Tim asista a un partido de beisbol y el uniforme de Zach no esté limpio; espera a que tenga que lavar su propia ropa, llevar a su perro al veterinario, ayudar a Zach con los proyectos escolares y asegurarse de pagar la hipoteca. ¿No sabía que hice dos entrevistas telefónicas y que el jueves debía viajar para dar una conferencia? ¡Y alguien tenía que hacer las compras en el supermercado!

No me malinterpreten. Tim es maravilloso y me aprecia a mí como también las cosas que hago por él y por nuestros hijos. Pero de vez en cuando, puedo sentirme un poco subestimada y eso duele.

Haz un alto para pensar en tu vida. Hoy, el ritmo es más acelerado que nunca. Y aunque nos aseguraron que la tecnología nos daría más tiempo libre, se ha demostrado lo contrario: nos da más conectividad, por lo que tratamos de abarrotarnos de más contenidos. Vivimos a un ritmo frenético y no tenemos tiempo de reflexionar, descansar y relacionarnos. Esperamos hacer más en menos tiempo, y pasamos de una cosa a otra, tratando de convertir una vida ocupada en una plena. Sin embargo, cuando el día se termina, nos acostamos en la cama y nos sentimos exhaustas, abrumadas, presionadas y subestimadas, de modo que nos preguntamos cuándo tendremos una vida abundante, esa "vida en abundancia" que Jesús prometió (Jn. 10:10).

El ritmo y la presión del mundo actual intensifican el dolor y las lágrimas que acumulamos a lo largo del tiempo. Las heridas se acumulan por la violencia, el maltrato y los constantes mensajes condenatorios y negativos de las personas que supuestamente nos aman y que creemos que son confiables. Ese tipo de experiencias dolorosas son como una lija en el alma de la mujer y desgastan su confianza, estabilidad, felicidad, esperanza y alegría.

> La historia, a pesar del dolor desgarrador que nos ocasiona, no puede deshacerse; pero si se enfrenta con valor, no tenemos por qué volver a vivirla.
>
> MAYA ANGELOU

El corazón afligido

El maltrato, la violencia doméstica, los abortos espontáneos, los matrimonios llenos de dolor, ser madre soltera sin dinero, cuidar padres de edad avanzada... son algunos de los retos particulares en el mundo de la mujer, y la lista continúa: el nido vacío, el síndrome premenstrual, la menopausia, las finanzas, el cáncer de mama... la lista continúa y continúa. La mayoría de los estudios señalan que por lo menos al 33% de las mujeres estadounidenses las han golpeado, obligado a tener sexo o han sufrido maltratos de otro tipo. El 25% de las mujeres en Norteamérica fue víctima de abusos en su infancia.[1]

Según el Instituto Guttmacher, el 35% de las mujeres estadounidenses habrá tenido un aborto antes de cumplir los 45 años.[2] Dichas heridas, que generalmente permanecen abiertas y sin sanar, le suman confusión y estrés a la vida cotidiana de la mujer y a sus relaciones más íntimas. Como consecuencia, es fácil enojarse, sentirse engañada y no querer salir de la cama. No es extraño que seamos más propensas a sufrir de depresión grave y distimia que los hombres. Se considera que la depresión es el riesgo más importante para la salud mental de la mujer, especialmente para las más jóvenes en edad de maternidad y crianza de niños.[3] El riesgo de desarrollar el síndrome de intestino irritable es del 30%, y entre el 5 y 10% de mujeres y niñas sufren de desórdenes alimenticios.[4]

Todos los días me encuentro con mujeres solteras que luchan por encontrar el compañero de su vida. Conozco también a mujeres casadas que se sienten frustradas con sus esposos y no se sienten realizadas. Nuestra cultura añade más presión al menospreciar a las mujeres o al promover un feminismo controlador, dominante y radical.

Cuando estamos heridas, nos centramos en protegernos. Escondemos nuestros verdaderos sentimientos (incluso de nosotras mismas) y forjamos un estilo de vida que ofrezca algún tipo de seguridad. Algunas estamos tan desesperadas por encontrar amor, que vivimos para complacer a las personas y que nos digan: "De verdad, te aprecio mucho". Sin embargo, en nuestra obsesión por complacer, a menudo sofocamos a las personas con demasiada atención y, tarde o temprano, se alejan.

Otras han decidido que la manera de encontrar seguridad e importancia es ganar a cualquier precio. Viven tan heridas que compensan su dolor convirtiéndose en autoridades dominantes y despóticas. Quieren controlar a cualquier persona y a cada situación, y les molesta profundamente cualquiera que las cuestione.

Las mujeres que están heridas tratan de compensarlo de manera natural y se esconden tras una sonrisa, complacen a las personas para obtener aceptación y demuestran su valor al dominar a la competencia. Sin embargo, viven cada día con una coraza dura alrededor de su corazón. El amor que anhelan está fuera de su alcance. Llegan a la triste conclusión de que el patrón de sobrellevar la aflicción es lo mejor que pueden esperar, así que se dedican a probar nuevas técnicas para ocultar sus sentimientos verdaderos, complacer las exigencias de los demás a fin de obtener aprobación, y exigir conformidad de quienes las rodean.

El renombrado psicólogo Ernest Becker escribió hace poco: "El hombre moderno toma alcohol y se droga hasta no tener conciencia, o pasa el tiempo de compras, que es lo mismo".[5] Cuando estamos heridas, buscamos cualquier cosa que llene el vacío de nuestra alma y los agujeros de nuestro corazón. Con frecuencia, vamos más allá de complacer a los demás y tratamos de demostrar que valemos. Utilizamos alcohol, drogas, compras, comida, sexo, perfeccionismo, novelas de fantasía y romance, obsesión por el maquillaje y la belleza externa, y asuntos emocionales para anestesiar nuestro dolor. Puede que funcionen durante corto tiempo o no, pero nunca podrán darnos vida eterna (ver 2 Co. 4:18). Vacías, exhaustas y anhelando algo más, buscamos cualquier cosa que calme, tranquilice y satisfaga nuestros anhelos más profundos.

Esta falsa manera de evadir nos priva del aire espiritual fresco que necesitamos. Dallas Willard alude a esto cuando dijo: "Obviamente, el problema es espiritual y la cura también debe serlo".[6]

Me he dado cuenta de que cuanto más miro a Tim, a mis hijos o al mundo para sentirme valorada y reconocida por todo lo que hago, más siento que lo que hago nunca es suficiente. Cuando miramos a otras cosas y a otras personas para llenar los agujeros de nuestra alma, nos apartamos de Dios y finalmente, perdemos el sentido de quiénes somos, según el diseño divino.

Todas enfrentamos decepciones, algunas son devastadoras. Sin embargo, un sentido de esperanza permanente nos permite ver la obra de Dios y confiar en Él cuando no podemos verlo. Por otro lado, si no le pedimos que sane nuestras heridas y decepciones, caeremos en la desesperación.

La desesperación de Noemí

Cuando pienso que me ha tocado una vida dura, necesito releer el primer capítulo del libro de Rut. En Medio Oriente, las mujeres confiaban en los hombres para su protección y manutención, pues no tenían otra red de apoyo social. De hecho, su identidad se basaba en el matrimonio y en su capacidad de tener hijos. Por esta razón, la conversación entre Noemí y sus nueras es mucho más conmovedora.

Las circunstancias se confabulaban contra Noemí: el hambre en Belén había obligado a su familia a huir a la tierra de Moab, donde vivió con su esposo Elimelec, sus dos hijos Mahlón y Quelión y sus dos nueras moabitas, Orfa y Rut. El autor no cuenta qué pasó, pero Elimelec murió en tierra extranjera y años después de su muerte, también murieron sus hijos amados.

Trasladarse a un país extranjero, y ver morir al esposo y a los hijos es suficiente para devastar a cualquiera. La mayoría de nosotras podría recurrir a algún sistema de apoyo y, al menos, mantener la apariencia de tener una identidad independiente. Sin embargo, en el mundo de Noemí, se le arrebató cualquier posibilidad de estabilidad o felicidad, y aunque tenía dos nueras, se sentía completamente sola. Por esta razón, decidió regresar a su hogar en Belén, y enviar a Rut y Orfa a sus hogares en Moab. Ellas lloraron e insistieron en acompañarla, pero Noemí se negó obstinadamente:

> Pero Noemí respondió: «Regresen a su pueblo, hijas mías. No tiene caso que vengan conmigo, pues ya no tengo más hijos que puedan ser sus maridos. ¡Váyanse, hijas mías! Yo ya estoy vieja para tener marido. Y aun cuando abrigara esa esperanza, y esta noche estuviera con un hombre y volviera a tener hijos, ¿habrían de quedarse ustedes sin casar, por causa de ellos? ¡No, hijas mías! Mi amargura es mayor que la de ustedes, porque el Señor se ha puesto en mi contra» (Rt. 1:11-13, RVC).

Al ver a Noemí enviar a las jóvenes de regreso a sus hogares, podemos darle un vistazo a su corazón: la duda y la decepción nublaban su percepción de Dios, de la vida y de sí misma. Puede que conozcas el resto de la historia: Orfa volvió a su hogar pero Rut fue firmemente leal a su afligida suegra. ¿Su amor cambió el corazón de Noemí? No en ese momento. Cuando llegaron a Belén, Noemí saludó amargamente a sus viejos amigos.

> Pero ella les respondió: «Ya no me llamen Noemí. Llámenme Mara. Ciertamente, grande es la amargura que me ha hecho vivir el Todopoderoso. Yo salí de aquí con las manos llenas, pero él me ha hecho volver con las manos vacías. ¿Por qué llamarme Noemí, si el Señor se ha puesto en mi contra, y mis aflicciones vienen del Todopoderoso?» (Rt. 1:20-21).

Parecía que nada podía animar su espíritu y aclarar su visión para que viera la maravillosa esperanza que Dios le tenía.

> He aprendido que quienes sufren hablan con frecuencia sobre sus propias miserias, pero quienes sufren más, guardan silencio.
>
> C. S. LEWIS

El abuso, la violencia, la cultura… todas estas cosas mienten. Incluso nos mentimos a nosotras mismas.

Cuando nos golpea con fuerza un pasado problemático o una vida llena de dolor, y extendemos nuestras manos al cielo para ver solo un cambio pequeño y lento, podemos preguntarnos: *¿Dios puede cambiar mi situación? ¿Le importa mi situación? ¿Acaso existe Dios?*

"No quiero más distracciones. Necesito respuestas y una dirección clara. Sería bueno que Dios me ayudara. ¿Dónde está cuando lo necesito? ¿Por qué no me ayuda?". Eso es lo que me dijo una mujer hace poco.

Las mentiras pueden destruir matrimonios, familias y profesiones. Luchar con una adicción puede ahogar los clamores del corazón. Muchas mujeres se pueden sentir identificadas con el clamor de David en el Salmo 6:6: "Me he consumido a fuerza de gemir; todas las noches inundo de llanto mi lecho, riego mi cama con mis lágrimas".

Dios nos creó como seres emocionales con una capacidad innata (y un tanto maravillosa) de sentir una amplia gama de emociones: buenas, malas y desagradables. Piensa en la última vez que lloraste demasiado. Puede que estés pensando en la vez que lloraste porque estabas herida, pero también podrías recordar la ocasión en que lloraste a causa de una risa incontrolable.

La capacidad de *sentir* es uno de los dones más grandes que Dios nos ha dado. Sin embargo, cuando no está en armonía, puede conducirnos a una baja autoestima y a una vida sin propósito espiritual. En vez de vivir en libertad con emociones saludables, podemos terminar emocionalmente incapacitadas y, en consecuencia, desgastadas sin poder cumplir nuestro rol. ¡Dios no nos diseñó para vivir así!

Las mentiras que, en ocasiones, creemos —que estamos demasiado necesitadas, sensibles o tercas, o que no somos lo bastante lindas, eficientes o buenas— provienen de corazones llenos de vergüenza, engaño y culpa.

Pablo escribe en su carta a los Gálatas: "Manténganse, pues, firmes en la libertad con que Cristo nos hizo libres, y no se sometan otra vez al yugo de la esclavitud" (Gá. 5:1, RVC).

Una de las razones por las que Cristo vino a liberarnos es para que nuestros corazones se saciaran en Él y se ajustaran a su imagen. Por esta razón, utiliza las dificultades de la vida para darnos a conocer nuestras necesidades, debilidades y pecados.

María Magdalena estaba sujeta al yugo de la esclavitud hasta que Jesús expulsó siete demonios de ella. Este número se refiere a la perfección, por lo que María parece representar la máxima esclavitud al mal. Seguramente, las personas hablaban a sus espaldas, su esclavitud la definía.

Lucas la honra al nombrarla primero entre las mujeres que viajaban con los discípulos, pero se refiere a ella como "María, de la que habían salido siete demonios". ¿Por qué la identificaba con esa frase tan terrible? Quizás su esclavitud y atadura al mal sean una gran representación del poder de liberación de Cristo a través de su muerte en la cruz. La nueva vida y luz que la guiaban, contrastaban notablemente con la vida oscura y desdichada que había vivido.

Dios animaba a los israelitas a recordar su esclavitud en Egipto (Dt. 7:7-8). Pablo les recordaba a los corintios su humilde comienzo (1 Co. 1:26-31) y dijo que los efesios estuvieron en algún momento "sin esperanza y sin Dios en el mundo" (Ef. 2:12). El principio bíblico es que debemos acordarnos de nuestra esclavitud pasada para recordar a Aquel que nos hizo libres.

Vivir con alegría y libertad en nuestro corazón significa no centrarnos en el pasado. En cambio, recordamos al gran Salvador y Restaurador que liberó nuestro corazón del pasado, y aceptamos la libertad que nos dio a través de su padecimiento. Poco a poco, empezamos a comprender por qué Dios nos dice que debemos regocijarnos en nuestro padecimiento y por qué

Pablo se jactaba de su debilidad. Todo esto resalta la obra poderosa de Dios en nuestras vidas.

Sin embargo, ser libre del pasado no significa pretender que nunca existió. No avanzaremos si negamos la realidad de una relación abusiva, minimizamos nuestras decepciones, pasamos por alto nuestro estrés o justificamos a las personas que nos causaron dolor. El primer paso hacia la sanidad es enfrentar los hechos reales. Me consuelo cuando recuerdo que Jesús (el cual es la resurrección y la vida) estaba tan conmovido por la muerte de su amigo Lázaro que lloró en su tumba. Él sabía que lo iba a resucitar pronto, pero no disminuyó el dolor que sintió y lo reconoció en ese momento.

Algunas personas se paralizan cuando se desesperan; otras van en la dirección opuesta y analizan cada palabra, gesto y suceso relacionado con su dolor, y tratan de buscar respuestas a sus heridas. El análisis es una parte importante en el proceso de sanidad, pero debemos utilizarlo para dirigirnos a la sinceridad emocional, al dolor y a una perspectiva espiritual. Si solo vivimos con la mente e ignoramos nuestro corazón, no obtendremos la verdadera sanidad que Dios quiere llevar a cabo en lo profundo de nuestras vidas.

A veces, cuando estamos heridas, sabemos al instante por qué. Puede que hayamos cometido un error tonto o que hayamos pecado intencionalmente; puede que otras personas hayan hecho algo que causara consecuencias en nuestra vida de forma accidental, o que hayan decidido herirnos deliberadamente. Tal vez un desastre natural nos haya destrozado. Puede que experimentemos conflictos espirituales contra las fuerzas de las tinieblas o que sintamos dolor cuando Dios nos poda para que permanezcamos en Él (ver Jn. 15). Tarde o temprano, quienes seguimos a Jesús experimentaremos aflicciones que parecen no tener sentido.

Podemos analizar una situación hasta el desespero y no encontrar su causa. Job soportó los peores problemas que cualquiera podría imaginar, pero no encontró la razón. Sus amigos trataron de ayudarlo y le dijeron que estaba sufriendo como re-sultado de sus pecados, pero él sabía que la respuesta no era tan simple. Por eso, le pedía a Dios una y otra vez la oportunidad de entrar a juicio para interrogar al Todopoderoso. Finalmente, el Señor apareció e invirtió los papeles: fue Job quien estuvo en el estrado. Cuando recitó su monólogo, Dios nunca le respondió sus preguntas; en su lugar, le hizo 64 preguntas incisivas para mostrarle que era soberano sobre toda la creación, la autoridad de todo, que es omnipresente, omnipotente y omnisciente. El alegato final de Dios tuvo el efecto deseado en Job, el cual le respondió arrepentido con fe humilde: "Yo conozco que todo lo puedes, y que no hay pensamiento que se esconda de ti. Por tanto, yo hablaba lo que no entendía; cosas demasiado maravillosas para mí, que yo no comprendía" (Job 42:2-3). La visión espiritual renovada de Job le permitió ver la integridad de Dios, aunque no entendiera las razones de su aflicción.

Sin embargo, muchas preferimos aferrarnos a nuestro dolor, en lugar de experimentar la libertad y la alegría que trae la sanidad. Quizás nos hayamos acostumbrado a vivir así y preferimos eso al trauma del cambio. Tal vez nos sintamos bien en medio de nuestra autocompasión y amargura, y es difícil deshacernos de éstas. Puede que el camino a seguir parezca muy largo y escabroso, y pensemos que no podremos atravesarlo.

Cuando Jesús vio a decenas de personas enfermas y lisiadas junto al estanque (Jn. 5), le preguntó a uno de ellos: "¿Quieres ser sano?". Creo que hoy nos hace la misma pregunta. No responder a la invitación misericordiosa de Jesús hace que quedemos solas, con temor y enojo. Entonces, las malezas amargas del temor y del enojo crecen en nuestro corazón día tras día, año tras año y, tarde o temprano, sofocarán nuestras vidas. Cualquier relación valiosa se amarga porque somos exigentes y estamos a la defensiva, o nos obsesionamos con hacer cosas para demostrarles a otros que valemos, o nos marchitamos en medio de la pasividad. La luz de la esperanza se disipa ante nuestros ojos y nos conformamos con simplemente sobrellevar cada día.

De vez en cuando, la decepción es una realidad en nuestras vidas, pero eso no quiere decir que debemos darles lugar a la desesperación y a la resignación. Dios quiere usar cada momento de nuestras vidas, los buenos y los malos, para moldearnos. Entonces, nuestra meta no es deshacernos de nuestro pasado doloroso, sino confiar en que Él lo utilizará para bien. En su libro *The Healing Path* [El camino a la sanidad], el psicólogo Dan Allender describe el entendimiento espiritual que podemos tener incluso sobre los sucesos más dolorosos de nuestras vidas:

> Si no prevemos con cuidado cómo responder frente al daño de vivir en un mundo caído, el dolor puede ser en vano. Nos paralizará o nos destruirá, en vez de perfeccionarnos y hasta bendecirnos… La sanidad en esta vida no es la resolución de nuestro pasado, sino el uso del mismo para atraernos a una relación más profunda con Dios y con sus propósitos para nuestras vidas.[7]

Sabrás que el perdón ha empezado
cuando recuerdes a quienes te hirieron
y sientas el deseo de desearles el bien.
LOUIS B. SMEDES

Un paso adelante

Cuando Noemí estaba en lo más hondo de la desesperación, en medio de unos pensamientos complicados, sin esperanza, Dios le dio una amiga preciada que no la dejaría. Me encanta Rut. Todas necesitamos a una amiga como ella, especialmente en nuestros momentos más difíciles. Necesitamos a alguien que se niegue a darnos respuestas fáciles para hacernos sentir mejor y que nos acompañe en medio de nuestro dolor. Este es mi consejo: busca una amiga como Rut y, de igual manera, sé una amiga como ella.

Vivimos en una sociedad que obtiene todo al instante, pero la sanidad espiritual y emocional rara vez llega en un abrir y cerrar de ojos. Sé realista y comprométete con el trabajo glorioso y pesado de sanar las heridas de tu vida. Los consejeros dicen que podemos esperar un proceso más o menos predecible en medio de la aflicción:

> negar
> reconocer nuestra decepción y dolor
> enojarnos contra las personas que nos hirieron
> negociar para aliviar el dolor de inmediato
> sentir una profunda tristeza cuando la negociación no funciona
> aceptar el dolor, el proceso y los beneficios de la aflicción

Siglos atrás, los líderes espirituales incluían la desesperación en la lista de los pecados principales de la humanidad. Cuando escuchamos esto, muchas decimos: "No es justo, ¡puede que la persona no haya pecado en lo más mínimo para causar su aflicción!", pero esa no es la idea. La decepción y el dolor no son pecados, pero la desesperación es la renuncia a mirar a Dios, a buscar su perspectiva sobre nuestros problemas y a dar pasos valientes hacia la sanidad. Así que la desesperación es decirle "No" a Dios, por lo cual, los líderes de la antigüedad decían que era un pecado.

Desde luego, no quiero ser severa o condenatoria, solo objetiva. Podemos quejarnos con facilidad, culpar a los demás y compadecernos de nosotras mismas. Dios sabe que ¡muchas tenemos razones para quejarnos! Pero Él quiere que alcemos nuestros ojos para verlo en toda su sabiduría, fortaleza y amor, y dejar que nos dé una mirada de fe en medio de nuestros problemas. A veces, nos libra de ellos pero, con frecuencia, nos hace brillar como luces para que otras puedan ver en la oscuridad.

¿Cómo evitamos caer en la desesperación? Mira lo que sucedió cuando los líderes judíos trataron de perseguir a los discípulos: "Entonces viendo el denuedo de Pedro y de Juan, y sabiendo que eran hombres sin letras y del vulgo, se maravillaban; y les reconocían que habían estado con Jesús" (Hch. 4:13).

A medida que leas este libro y avances en medio de tus días ocupados, pasa tiempo con Jesús. Suena como un cliché pero ¡es importante! Descubre qué funciona para ti: leer un libro devocional, sentarte en un sillón para meditar, hablar con Dios o leer su Palabra. Quizás te ayude una caminata por el bosque o un paseo en auto con música de alabanza a todo volumen. Cuando pasas tiempo con Jesús, las tareas diarias se aligeran y a pesar de que aún necesitas el reconocimiento de otros, descubres que puedes encontrar "una vida en abundancia" en el tiempo que pasas con Él. Además, cuanto más tiempo pasas con alguien, más te pareces a esa persona.

¿Te sientes identificada con este capítulo? Cuando te miras al espejo, ¿ves la expresión depresiva y vacía de una tristeza profunda? Si es así, pídele a Dios que te ayude a verlo más claramente.

¿Reconoces a alguna amiga o familiar que coincide con la descripción de una persona triste? Sé una amiga como Rut. Ofrécele tu compañía más que tu consejo, y pasa tiempo con ella mientras se arma de valor para dar los pasos hacia la sanidad de Dios.

Sana tu herida

1. ¿Cuáles son algunas de las diferencias entre la decepción y la desesperación?

2. ¿Cuáles son las amenazas genuinas en una relación abusiva? ¿Qué ata a las mujeres a estas relaciones? (¿Cuáles son las falsas creencias sobre ellas mismas, Dios, sus abusadores y su capacidad de tomar buenas decisiones?).

3. ¿Qué momentos negativos de estrés has experimentado en los últimos seis meses o en el último año? ¿Qué cambios positivos te han producido estrés? Si fueras un observador externo, ¿cómo analizarías tu nivel de estrés presente?

4. Lee Rut 1. Describe la profundidad y la intensidad de la desesperación de Noemí. ¿Te has sentido alguna vez así, y alejaste a las personas cuando trataron de consolarte y ayudarte? ¿Qué sucedió?

5. Lee Hebreos 4:14-16. Cuando estamos tristes, ¿por qué necesitamos saber que Jesús comprende lo que sentimos?

6. ¿Cuáles son los pasos que tú (o una amiga a la que quieres ayudar) más necesitas en este momento? ¿Qué pasos puedes dar para experimentar el consuelo de Dios?

7. ¿De qué forma el valor es una parte esencial en el proceso de la sanidad emocional y espiritual?

8. Describe de qué manera un corazón de fe les ayuda a las mujeres a manejar la decepción.

Pasajes bíblicos sobre la aflicción

"No tomen venganza, hermanos míos, sino dejen el castigo en las manos de Dios, porque está escrito: 'Mía es la venganza; yo pagaré', dice el Señor" (Ro. 12:19, NVI).

"Pero yo les digo: Amen a sus enemigos y oren por quienes los persiguen" (Mt. 5:44, NVI).

"Vengan a mí todos ustedes que están cansados y agobiados, y yo les daré descanso. Carguen con mi yugo y aprendan de mí, pues yo soy apacible y humilde de corazón, y encontrarán descanso para su alma. Porque mi yugo es suave y mi carga es liviana" (Mt. 11:28-30, NVI).

"Entonces se le acercó Pedro y le dijo: Señor, ¿cuántas veces perdonaré a mi hermano que peque contra mí? ¿Hasta siete? Jesús le dijo: No te digo hasta siete, sino aun hasta setenta veces siete. Por lo cual el reino de los cielos es semejante a un rey que quiso hacer cuentas con sus siervos. Y comenzando a hacer cuentas, le fue presentado uno que le debía diez mil talentos. A éste, como no pudo pagar, ordenó su señor venderle, y a su mujer e hijos, y todo lo que tenía, para que se le pagase la deuda" (Mt. 18:21-25).

"Jehová se manifestó a mí hace ya mucho tiempo, diciendo: Con amor eterno te he amado; por tanto, te prolongué mi misericordia" (Jer. 31:3).

3

¿a llama del enojo

El enojo es un ácido que hace más daño
al recipiente donde se almacena que
a cualquier cosa en la que se vierta.

MARK TWAIN

Es lunes y son las 7:34 de la mañana.

—¡Zach! Vamos a llegar tarde, ¡toma tu taza de cereales y vámonos! —le dije mientras lo empujaba.

Corrió a toda prisa por la escalera con una taza llena de cereales y leche, abrió la puerta para salir de la casa, entró al auto, agarró su cinturón de seguridad y se lo abrochó con una mano. Puse el auto en marcha y salimos: yo, con un gran suspiro y Zach, con la boca llena de cereales. ¡*No* me gusta llegar tarde!

Mientras salía de nuestra urbanización, trazaba en mi mente el trayecto que nos llevaría a la escuela de Zach a tiempo: *Hay una entrada a la Ruta 811, podría ir hasta la I-460 en vez de tomar la I-501...* decidí probar ese atajo, tomé la salida a la Ruta 811 y de repente, vi, con total desilusión, un cartel que decía: "Construcción. Reducción de calzada". ¡*Uf!*

El ritmo despreocupado de Zach esta mañana en casa y la construcción en la ruta eran más de lo que mi actitud, generalmente positiva, podía soportar. ¿Que las mujeres cristianas no se enojan? Pues, te equivocas.

Pensar en el enojo me trae muchos recuerdos sobre mis primeros años de casada. Tim y yo éramos tan jóvenes e insensatos, que nos volvimos expertos en herirnos mutuamente y en hacernos enojar.

Algunas personas se enojan de forma desenfrenada. ¿Sabías

que el 7,3% de los estadounidenses (casi 16 millones de personas) sufre de Trastorno Explosivo Intermitente (TEI)?[1] Este trastorno se caracteriza por episodios de enojo injustificado (espero que no estés casada con alguien que tiene TEI). A continuación, te presento más estadísticas interesantes sobre el comportamiento iracundo, brusco y agresivo:

1. Una encuesta de investigación demostró que el 78% de los estadounidenses piensa que el comportamiento brusco y egoísta es peor en aeropuertos y autopistas.[2]

2. Vemos episodios de conducta agresiva al volante, en los aviones, en el teléfono celular, en las cajas registradoras, con las bicicletas, en los deportes, en los parques de estacionamiento, en los ferrocarriles, en los bancos, en los barcos, en el trabajo, y vemos conductores que incluso les pitan a personas con muletas. Un experto identificó conductas agresivas incluso en los funerales, cuando las personas hacen hasta gestos obscenos e interrumpen la procesión.[3]

3. Tres de cada cuatro estadounidenses dicen que nuestros modales son peores que hace 20 o 30 años.[4]

4. El 85% de los estadounidenses cree que el mundo sería mejor si dijéramos *por favor* y *gracias* con más frecuencia.[5]

5. En una encuesta nacional sobre el enojo en el trabajo, el 42% de los encuestados dijo que había gritos y abusos verbales en su lugar de trabajo; el 29% admitió haberles gritado a sus compañeros; el 34% ha sufrido de insomnio por el ambiente cargado de estrés y enojo en el trabajo; el 11% dijo que consumía demasiado alcohol y el 16% afirmó que fumaba demasiado por las mismas razones.[6]

6. Alrededor del 25% de los trabajadores estadounidenses

sufre de enojo crónico en el trabajo, el cual tiende a aumentar porque se sienten engañados por sus empleadores.[7]

7. El 20% de los trabajadores estadounidenses (139,4 millones de personas) ha sufrido por causa de personas abusivas y, en el 41% de los episodios, el trauma fue lo suficientemente grave como para justificar un diagnóstico clínico de depresión.[8]

8. ¿Has tenido problemas con los conductores bruscos? Un estudio importante reveló que el 90% de los conductores experimentó un episodio con un conductor agresivo al volante.[9]

9. Los conductores que manejan pegados al auto que tienen delante, exceden los límites de velocidad, pasan por alto los semáforos en rojo y cambian de carril sin previo aviso, contribuyen a los más de seis millones de accidentes por año en Estados Unidos.[10]

10. Los padres que se comportan de manera agresiva en las actividades deportivas de sus hijos, tienen conductas tan contagiosas que el 76% de los encuestados de 60 asociaciones atléticas de escuelas secundarias dijo que el incremento de la interferencia de los espectadores es motivo de renuncia de muchos directivos.[11]

11. En 2007, las autoridades de orden público de Estados Unidos arrestaron aproximadamente a 2,18 millones de personas menores de 18 años.[12]

12. La violencia afecta la calidad de vida de los jóvenes que la viven, la presencian o se sienten amenazados. La violencia no solo daña a las víctimas jóvenes a nivel físico, sino que también afecta su salud y su desarrollo mental negativamente, y aumenta la probabilidad de que cometan serios actos de violencia. Los jóvenes entre 12 y 17 años son doblemente propensos que los adultos a ser víctimas

de serios actos de violencia, como asalto con agravantes, abuso sexual, robo (por fuerza o amenaza de violencia) y homicidio.[13]

13. ¿Están los estudiantes moralmente perdidos? Los jóvenes hacen cada vez más trampa en los exámenes y la tendencia va en aumento. Una mayoría considerable (64%) hizo trampa en un examen el año pasado (el 38% lo hizo dos o más veces), y el 60% y el 35%, respectivamente, lo hicieron en 2006. Más de ocho de diez estudiantes (83%) de las escuelas públicas y de las escuelas privadas religiosas confesaron que les mintieron a sus padres sobre un asunto importante.[14]

14. De acuerdo con un estudio en línea sobre la victimización de 24 millones de niños entre 10 y 17 años que navegaban con frecuencia en Internet en 1999, 6 millones recibieron material explícitamente sexual que no deseaban, casi 5 millones fueron solicitados sexualmente y más de 1,4 millones fueron acosados.[15]

15. A menudo, la agresión se aprende a una edad temprana. El comportamiento agresivo de un niño de ocho años durante el horario escolar es un indicador preciso de cuán agresivo será como adolescente o adulto. Por esta razón, los programas de prevención que empiezan a una edad temprana y continúan durante la adolescencia, tienen mayores probabilidades de éxito.

Lo que da miedo del enojo es que siempre encuentra una manera de expresarse. Si no se controla, puede dar como resultado un comentario hiriente de una amiga cercana, un gesto inapropiado de un conductor o la ausencia de una amiga que está tan enojada contigo que no te llama ni te ofrece una explicación. El enojo no expresado puede afectar tu interior y causar otros problemas, como producir un espíritu criticón. Puede que hayas escuchado a las personas decir que el enojo no expresado es causa de depresión. ¿Cómo se explica eso?

El diccionario define al enojo como: "Una emoción fuerte de desagrado y agresividad causada por un mal". Dios nos la dio como respuesta ante la injusticia o la maldad (real o percibida). Cuando nos sentimos engañadas o nos han ofendido, con frecuencia nos enojamos. Sin importar qué te han enseñado, debes saber que sentir enojo no es malo. En cambio, nos causaremos más problemas si no nos permitimos sentirlo cuando surge. La Biblia no dice que no nos enojemos, sino: "Enójense, pero no pequen; reconcíliense antes de que el sol se ponga" (Ef. 4:26, RVC). El enojo no es el problema, sino la manera en que lo manejamos.

Hay tres maneras poco saludables de expresar nuestro enojo. Cuando alguien nos hiere, nuestra reacción inmediata puede ser buscar venganza. Algunas personas son agresivas y gritan, y hasta atacan físicamente a quienes las hirieron.

Otros expresan su enojo de manera pasivo-agresiva. En vez de confrontar a las personas que los perjudicaron, deciden que rajar los neumáticos de su auto es un buen mensaje. Chismorrear, esparcir rumores y manipular son formas muy comunes de contraatacar a quienes los han ofendido.

Tampoco es bueno manejar nuestro enojo de manera pasiva. Recuerda, éste siempre encuentra la forma de expresarse y si lo guardamos en nuestro interior, lo volcamos sobre nosotras mismas y nos perjudicamos por el enojo que sentimos hacia los demás. Cuando nos han herido, queremos reparar el daño, pero como no podemos controlar las situaciones o a las demás personas, nos sentimos culpables por no ser capaces de repararlo. A menudo, este tipo de comportamiento lleva a la depresión.

> Albergar enojo es un veneno… corroe por dentro. Creemos que enojarse con alguien, hiere al otro… pero el odio es una espada de doble filo… y el daño que les hacemos a otros… también nos lo hacemos a nosotros mismos.
>
> MITCH ALBOM

He conocido a mujeres cuyos rostros envían señales confusas. Tienen una sonrisa hermosa que transmite alegría y agradecimiento, pero su mirada nos cuenta una historia muy diferente: en lugar de felicidad, veo la mirada dura del enojo.

- A Beatriz la reconocen por ser astuta y desconfiada, y siempre tiene una sonrisita sarcástica en su cara. Sin embargo, detrás de esa sonrisita, acecha el enojo hacia quienes la hirieron.
- Nicole parecía esforzarse por ocultar su ira. Era como un volcán que ardía bajo la superficie y estaba lista para estallar en cualquier momento. Sin embargo, su enojo estaba ligado al temor de lo que podría pasar cuando la lava ardiente cayera sobre aquellos que la rodeaban.
- El temperamento de Carolina hacía que tuviera siempre el ceño fruncido. Las líneas alrededor de su boca eran señal de que todos los días apretaba los dientes retando a cualquiera que la contrariase.
- Melisa usaba su mirada maliciosa como una advertencia para las personas que la rodeaban, incluyéndome a mí. Nunca sabía cómo actuar frente a ella ni qué decirle. Casi siempre reaccionaba exageradamente ante las situaciones, por lo que supongo que pasaban muchas cosas en su interior.
- Muchas mujeres que he conocido tienen una sonrisa en sus labios y enojo en sus ojos. Piensan que pueden ocultar sus verdaderos sentimientos de decepción e indignación, pero una mirada a sus ojos revela la verdad.

¿Reconoces a alguien en estas cortas descripciones? Cuando las leemos, puede que aparezcan rostros en nuestra mente o que pareciera que nos estamos mirando al espejo.

Cuándo ayuda el enojo y cuándo hiere

Algunos cristianos piensan que el enojo siempre es malo, pero el asunto no es tan simple. El enojo contra la injusticia es bueno y correcto. De hecho, algo anda mal si no nos enojamos cuando maltratan o engañan a alguien. Pablo les dijo a los creyentes: "La actitud de ustedes debe ser como la de Cristo Jesús" (Fil. 2:5, NVI), nuestro máximo ejemplo de humildad y fortaleza. Él nos invita a seguirlo y, cuando lo hacemos, nos damos cuenta de que hacerlo implica valorar las cosas que Él valora, cuidar de las personas que Él cuida y trabajar con Él para promover el avance del reino. Cuando leemos los Evangelios, lo vemos sanar a los enfermos, resucitar a los muertos, calmar las tormentas y alimentar a los hambrientos, pero también notamos su frustración y enojo, especialmente cuando fue al templo y encontró a personas que lo utilizaban para oprimir a otras, no para adorar. Juan lo describe:

> Estaba cerca la pascua de los judíos; y Jesús subió a Jerusalén, y halló en el templo a los que vendían bueyes, ovejas y palomas, y a los cambistas allí sentados. Entonces hizo un azote de cuerdas y expulsó del templo a todos, y a las ovejas y bueyes; esparció las monedas de los cambistas y volcó las mesas, y dijo a los que vendían palomas: «Saquen esto de aquí, y no conviertan la casa de mi Padre en un mercado» (Jn. 2:13-16, RVC).

¿Puedes imaginarte la escena? Jesús no solo le dio una patada al suelo en señal de disgusto y se fue, sino que dijo la verdad con valentía y tomó medidas para cambiar la situación. Como cristianas, también tenemos oportunidades para actuar con enojo justo. Cuando vemos que abusan de las personas, no debemos hacer un gesto de tristeza e impotencia, sino que debemos hablar con la verdad para consolar a los maltratados y confrontar a los culpables, y tomar las medidas apropiadas para proteger a los desamparados y evitar más maltratos.

¿Te parece una situación exagerada? Sin duda, conoces amigas o familiares que sufren maltrato emocional, físico o sexual. Incluso en los hogares cristianos, el índice de maltrato es alarmante. Un estudio realizado por la doctora Nancy Nason-Clark concluyó que hay violencia física en el 28% de los matrimonios cristianos, y entre el 50 y el 56%, hay algún tipo de maltrato[16] (recuerda, estamos hablando solo de hogares cristianos). La mayoría nos sentimos seguras y alejadas de problemas mundiales, como la trata de esclavas sexuales, pero las autoridades estiman que puede haber 27 millones de esclavas en la actualidad, muchas más que en cualquier otro momento de la historia. Las familias venden a las mujeres o alguien las secuestra para traficar con ellas. Al retirar la capa de la ignorancia y descubrir lo que ellas tienen que soportar, deberíamos responder de igual modo que Jesús en el templo.[17]

Por supuesto, muchas causas reclaman nuestro tiempo y recursos para ayudar a las personas necesitadas. Bob Pierce, el fundador de Visión Mundial, comprendió con claridad cuál es la respuesta correcta ante la injusticia. Escribió: "Que se rompa mi corazón por las cosas que le rompen el corazón a Dios". La compasión es una mezcla poderosa entre la indignación ante la injusticia y las buenas acciones para ayudar a quienes sufren, incluso a nosotras mismas cuando somos víctimas de maltrato o abandono.

> Existe una delgada línea entre el enojo y el peligro.
> ANÓNIMO

El enojo destructivo

Cuando Pablo les escribió a los creyentes de Éfeso, les ordenó: "Si se enojan, no pequen" (Ef. 4:26, NVI). Podemos deducir de este pasaje que no todo enojo es pecaminoso. Como vimos en el ejemplo de Jesús, a veces, el enojo es una respuesta noble y mesurada ante la injusticia. Sin embargo, podríamos admitir que, con frecuencia, no nos enojamos por una injusticia, sino por cosas y personas que se interponen en el camino de nuestros motivos egoístas.

Recuerda mi propia "frustración al volante" que mencioné al principio de este capítulo. ¿Con cuánta frecuencia nos enojamos con otras personas en la carretera cuando el problema real es nuestra irresponsabilidad e impuntualidad? Piensa cuán a menudo nos enojamos con quienes obstruyen nuestro camino, ya sea que estemos en la fila de pago rápido en el supermercado o en el camino más rápido para avanzar en nuestras carreras. Muchas de nosotras también atacamos por enojo o estamos a punto de estallar del descontento cuando nos sentimos confundidas, amenazadas o fuera de control.

Las Escrituras y la historia mundial tienen relatos innumerables sobre el enojo y la venganza:

- Caín asesinó a su hermano Abel porque el sacrificio de Abel fue mejor.
- Matthew Murray, un asesino de 24 años, mató a cuatro personas en una iglesia multitudinaria de Colorado porque lo habían expulsado hacía unos años.
- María, una hermosa mujer de 28 años que llevaba tres años de casada, se acostó con el hermano de su mejor amiga en un acto de venganza contra su esposo, quien admitió con arrepentimiento que la había engañado.
- Laura empezó el rumor de que Pamela era una sinvergüenza que se acostaba con muchos hombres, solo porque Pam empezó a salir con su ex novio.
- Una pandilla torturó y le dio una paliza brutal a Miguel, un estudiante destacado de 18 años, porque no los saludó cuando pasó cerca de ellos al regresar de la escuela a la casa.

En el dormitorio, en la sala de reuniones y en la calle, las personas exigentes hieren a otras y les abren la puerta a las represalias. El enojo y la venganza parecen ser el pan diario de nuestra cultura.

Estos tipos de enojo demuestran cuán profundo ha caído la naturaleza humana y son terriblemente destructivos, en especial si no les prestamos atención inmediata. Nunca permanecen estáticos, sino que nos infectan, nos contaminan y nos incitan a la venganza.

Por supuesto, las mujeres cristianas nunca queremos parecer maliciosas, así que utilizamos el chisme y otras armas pasivo-agresivas para castigar a otros. ¿Te sorprende? No debería. Simplemente, el chisme es un intento encubierto de venganza, es herir a alguien de forma clandestina mientras parecemos inocentes. Piénsalo, quizás lo verás de esta manera y te negarás a participar del chisme de ahora en adelante.

En su carta del Nuevo Testamento, Santiago habló sin rodeos sobre la ira desmesurada:

> Por eso, amados hermanos míos, todos ustedes deben estar dispuestos a oír, pero ser lentos para hablar y para enojarse, porque quien se enoja no promueve la justicia de Dios. Así que despójense de toda impureza y de tanta maldad, y reciban con mansedumbre la palabra sembrada, que tiene el poder de salvarlos (Stg. 1:19-21, RVC).

Podrías preguntarte: *Cuando las personas hacen exigencias poco realistas, ¿no actúan injustamente? ¿Acaso estas situaciones no exigen un enojo justo?* Pues, sí, pero si el enojo justo no se expresa de manera apropiada y rápida, se transforma en amargura y venganza. Sin importar su causa, el enojo es como una olla con líquido caliente en la cocina de nuestras vidas. Necesitamos manejarlo con mucho cuidado, no nos queda otra opción.

Los amados de Job

¡Hablando de tratos injustos! Así como un relámpago inesperado, Job no supo qué había pasado. Caminó con Dios durante años y disfrutó de sus bendiciones; pero de repente, todo se derrumbó y no supo qué había causado el cambio. Dos bandas de asaltantes le robaron parte de su ganado y mataron a los criados que lo cuidaban; y además, un mensajero le informó que un "fuego del cielo" había matado al resto de ovejas y de pastores. Casi al mismo tiempo, otro mensajero entró rápidamente para decirle que un tornado había matado a todos sus hijos.

Detente, deja que tu mente lo comprenda: acabas de perder toda tu riqueza, todo lo que tenías, además de los medios para recuperarte. Estás totalmente conmocionada, pero las malas noticias siguen llegando y son cada vez peores: ¡todos tus hijos amados han muerto!

En ese momento de intensa agonía, Job no se enfureció, no maldijo a las personas ni persiguió a nadie. Más bien, reflexionó sobre la bondad y la soberanía de Dios:

> Desnudo salí del vientre de mi madre, y desnudo volveré allá. Jehová dio, y Jehová quitó; sea el nombre de Jehová bendito (Job 1:21).

Sin embargo, seguía recibiendo golpes. Mientras estaba de duelo por la pérdida de todo lo que poseía y de sus preciados hijos, Satanás lo afligió con llagas dolorosas de pies a cabeza. Aún así, desprovisto de todo lo que le causaba alegría a su vida, y de la seguridad y protección de las posesiones que Dios le había dado, confió en Él al sentarse en medio de las cenizas de su aflicción y rascarse las llagas con un pedazo de teja. En ese momento tan conmovedor, Job necesitaba el calor y la comprensión de alguien que lo amara, pero su esposa le dijo refunfuñando: "¿Aún retienes tu integridad? Maldice a Dios, y muérete" (Job 2:9).

Podría haberle dicho: "Cariño, esto realmente me confunde", o "Mi amor, no importa lo que pase, siempre estaré contigo", o podría haberle dado un gran abrazo y sentarse junto a él sobre las cenizas sin decir una palabra. ¿Tú qué habrías dicho o hecho?

La esposa de Job eligió una reacción diferente, una que, en mi opinión, no dista mucho de la reacción de nuestro propio corazón, si somos sinceras. Atacó a Dios y a su esposo como respuesta ante la pérdida, al sentir que perdía el control de todo, y al ver la fe inquebrantable de su esposo. ¿Puedes imaginarte la expresión de sus ojos en aquel momento? En ese momento crucial para su matrimonio y para sus vidas, su corazón gritó: ¡*Ríndete!* Atacó y culpó a Dios, y dejó a Job con un sentimiento de abandono total.

Sin embargo, también vemos la fe inconmovible de Job en la forma en que respondió al ataque de su esposa: "Como suele hablar cualquiera de las mujeres fatuas, has hablado. ¿Qué? ¿Recibiremos de Dios el bien, y el mal no lo recibiremos?" (Job 2:10). Imagina cómo se habrá sentido esta mujer: su esposo no solo era insensible al impacto que todo eso tenía en ella, ¡sino que además defendió a Dios! ¿De verdad piensas que iba a dejar de golpear a su esposo? Por supuesto que no, ya que sentía que él ignoraba su dolor.

El contraste entre la reacción de Job y la de su esposa es como el día y la noche. Pero debemos admitirlo, actuamos más como ella que como él. Imagínate en su situación: ¿cómo te sentirías si perdieras *todo*, incluso tus hijos, y tu esposo decide hablar solamente del derecho soberano de Dios de repartir problemas?

Esta historia revela que no debemos enojarnos cuando enfrentamos dificultades, sino que podemos aferrarnos a Dios y confiar en su sabiduría incomparable, aun cuando no sabemos qué está haciendo.

Una nueva perspectiva

Algunas de nosotras simplemente reaccionamos sin pensar en las situaciones y en las personas. Vamos de circunstancia en circunstancia y de persona en persona, y nos inclinamos hacia quienes nos hacen sentir bien y nos enojamos con quienes nos hacen sentir amenazadas. Sin embargo, un momento de reflexión nos puede dar una perspectiva nueva sobre nuestras reacciones.

Algunas estamos muy atadas a nuestras emociones. Todos nuestros sentimientos están continuamente en alerta máxima. Amamos con intensidad, pero también nos enojamos con todo nuestro corazón. No tenemos problema con ser sinceras sobre nuestras emociones. Sin embargo, muchas otras se sienten amenazadas por aquellos sentimientos que no son muy placenteros ni benévolos. Quizás nos enseñaron que el enojo siempre es pecaminoso, por lo que lo reprimimos completamente; o quizás, tenemos miedo de abrir la caja de Pandora, donde está la ira de nuestros corazones, porque creemos que se necesitarían meses para limpiar la explosión, si es que se pudiera limpiar. Sin embargo, es muy importante ser conscientes de nuestras emociones. Podemos disfrutar de las que son placenteras y ver las dolorosas como si fueran luces intermitentes en el tablero de mando de nuestro corazón.

El enojo es una emoción poderosa. Por esta razón, lo que te voy a decir puede parecer extraño: en la mayoría de los casos, el enojo es una emoción secundaria, superficial. A menos que sea una indignación justificada ante la injusticia, generalmente se alimenta de aflicciones y temores subyacentes. Si no descubrimos el origen y solo tratamos de ocultar nuestro enojo, la presión seguirá aumentando hasta que estallemos.

Piensa en esto: las mujeres con esposos que no las aman expresan enojo, pero en su interior están terriblemente heridas y tienen miedo de no volver a ser amadas. Muchos niños y adolescentes que atacan enojados, también se sienten heridos y llenos de temor. Enfrentar estas emociones los hace sentir aún más vulnerables, por lo que prefieren expresar su enojo.

A menudo, nuestro enojo se mezcla con la autocompasión porque pensamos que no recibimos lo que merecemos. No hay nada malo con sentir compasión por nosotras cuando estamos decepcionadas, pero si no controlamos nuestra tristeza, esta puede consumir nuestros pensamientos, nublar nuestra mente y distorsionar todas nuestras relaciones, incluyendo nuestra relación con Dios.

No podemos evitar sentir enojo, pero podemos decidir cómo expresarlo: buscar una solución o venganza. La solución se basa en el entendimiento, por eso necesitamos con urgencia que Dios abra los ojos de nuestro corazón para ver las circunstancias y las personas como Él las ve. El entendimiento nos ayuda a quitar todas las capas para descubrir la aflicción y el temor que producen nuestro enojo.

Solucionar nuestro enojo incluye una medida saludable de

perdón. No se trata de justificar a la persona que nos lastimó ni de minimizar el dolor, sino decidir que no vamos a tomar venganza, atacar, castigar, apartarnos ni murmurar. Pablo escribió en dos de sus cartas que el referente para perdonar a quienes nos hieren es el inmenso perdón de Cristo para nosotros. Cuanto más comprendamos su gracia hacia nosotras y nos deleitemos en su perdón por nuestros pecados, más dispuestas estaremos a perdonar a quienes nos ofenden. Pablo escribió: "Desechen todo lo que sea amargura, enojo, ira, gritería, calumnias, y todo tipo de maldad. En vez de eso, sean bondadosos y misericordiosos, y perdónense unos a otros, así como también Dios los perdonó a ustedes en Cristo" (Ef. 4:31-32, RVC).

El corazón de algunas mujeres se consume de amargura, la cual siempre daña y nunca es útil; es el enojo que ha infectado y envenenado al alma. Es una de las mayores causas del dolor emocional, espiritual y relacional en nuestras vidas. Arruina relaciones, consume los pensamientos, socava la creatividad y causa enfermedades psicosomáticas.

La amargura siempre se puede rastrear hasta su punto de origen. El enojo de algunas personas empezó después de horrendos abusos, y su enojo era justo y razonable; a otras, simplemente no les gustó que alguien se atravesara en el camino hacia sus objetivos egoístas y su enojo se tornó en amargura gradualmente. Una persona podría preguntar: si la amargura es tan destructiva, ¿por qué no la reconocemos y nos deshacemos de ella de inmediato? La razón es que la amargura nos ofrece tres cosas que valoramos:

> identidad
> energía
> control a través de la intimidación

Las personas amargadas están convencidas de que les hicieron daño y, por lo tanto, merecen una atención especial. Los sentimientos intensos de amargura y el deseo de venganza liberan endorfinas en el cerebro y nos dan energía para superar cada día. Y quizás el "beneficio" más tangible de la amargura sea el poder de intimidar a quienes nos rodean, lo cual nos hace sentir poderosas y nos permite hacer las cosas a nuestra manera. Estas razones pueden parecerles atractivas a algunas mujeres. Sin embargo, la amargura envenena todas las áreas de nuestras vidas. El autor Lewis Smedes escribió de forma exhaustiva sobre el poder del perdón. En un artículo para *Christianity Today* [Cristianismo Hoy], dijo: "Perdonar es liberar a un prisionero y descubrir que el prisionero eras tú".[18]

> Habla cuando estés enojado y darás el mejor
> discurso que vas a lamentar en tu vida.
>
> DR. LAURENCE PETER

Un paso adelante

¿Alguna vez estuviste orando en tu hogar o en la iglesia cuando, de repente, se te vino a la mente un pensamiento molesto sobre un conflicto sin resolver entre tú y una amiga? Cuando me pasa, lo único que quiero es apartar ese pensamiento para continuar con mi bella conversación con el Señor. Sin embargo, el recuerdo de las palabras crueles y de mis sentimientos heridos no desaparece cuando estoy en comunión con Dios, que es la luz. Parece que siempre me lleva a pensar en alguna situación angustiante que me turba.

A veces, me frustro y se lo expreso: *Señor, por favor, quita estos pensamientos negativos, realmente quiero pasar tiempo contigo ahora.* Pero a medida que continúo mi camino con Él, aprendo más sobre la importancia de la reconciliación antes de la adoración. El sermón del monte incluye esta declaración radical de Jesús:

Ustedes han oído que se dijo a los antiguos: "No matarás", y que cualquiera que mate será culpable de juicio. Pero yo les digo que cualquiera que se enoje contra su hermano, será culpable de juicio, y cualquiera que a su hermano le diga "necio", será culpable ante el concilio, y cualquiera que le diga "fatuo", quedará expuesto al infierno de fuego. Por tanto, si traes tu ofrenda al altar, y allí te acuerdas de que tu hermano tiene algo contra ti, deja allí tu ofrenda delante del altar, y ve y reconcíliate primero con tu hermano, y después de eso vuelve y presenta tu ofrenda (Mt. 5:21-24, RVC).

¿Se te viene a la mente alguien a quien hayas ofendido o te haya ofendido a ti? ¿Alguien con quien estés enojada? Si es así, este podría ser el momento de obedecer el mandato de Jesús en Mateo 5. Busca a ese hermano(a), haz lo que puedas por reconciliarte con él/ella y regresa a adorar al Señor. Solo entonces experimentarás la experiencia plena de la comunión con Él.

El Señor nos hizo criaturas relacionales. Sin duda, nuestra relación con Él está ligada a nuestra relación con quienes nos rodean. Sin embargo, la reconciliación no siempre ocurre tan fácilmente y no surge sola. Para caminar con el Señor en integridad, necesitamos por lo menos a otro creyente maduro que nos ayude a analizar nuestro enojo. Esta amiga, consejera o grupo nos invita a ser sinceras respecto al enojo que sentimos (o que no hemos querido sentir) para llegar a lo más profundo y descubrir su origen. El proceso de descubrimiento puede tomar un instante o puede requerir una excavación rigurosa. A veces, animo a las mujeres a pasar tiempo a solas con lápiz y papel en mano para pedirle al Espíritu de Dios que les revele los momentos de su pasado que les causan dolor y temor.

Para hacer esto, tómate mucho tiempo. El proceso es muy importante y poderoso como para hacerlo con prisa. Muchas veces, una primera ola de recuerdos llega en un abrir y cerrar de ojos. Puede que no recuerdes nada más por un tiempo, pero luego, empiezan a salir a la superficie pensamientos que no recordabas desde hace tiempo. A veces, ni siquiera tienen sentido, pero escríbelos de todas formas porque las piezas pueden encajar más adelante. Generalmente, surgen después algunos recuerdos que enterraste hace mucho tiempo.

Cuando algunas mujeres hacen este ejercicio, me dicen: "Hacía años que no pensaba en ese suceso, pero ahora me doy cuenta cómo ha moldeado mi vida desde el día que sucedió". Los recuerdos pueden ser traumáticos o pueden demostrar el vacío del abandono. Sin importar qué trae a tu mente el Espíritu de Dios, debes saber que cada momento de nuestro pasado es una pieza del rompecabezas de nuestras vidas. Cuando hables al respecto con una amiga de confianza, esfuérzate por identificar las causas profundas y ocultas de la aflicción y de los momentos de temor, los cuales son las fuentes de nuestro enojo actual.

Una de las lecciones más importantes de la vida es que podemos escoger la dirección de nuestras vidas al prestar atención a nuestros pensamientos y acciones. Puede que en el pasado hayamos reaccionado sin pensar, pero no debe ser así. Desde luego, no podemos sacar todos los pensamientos negativos de nuestra mente, pero podemos reconocerlos y reemplazarlos por pensamientos positivos.

> Por lo demás, hermanos, piensen en todo lo que es verdadero, en todo lo honesto, en todo lo justo, en todo lo puro, en todo lo amable, en todo lo que es digno de alabanza; si hay en ello alguna virtud, si hay algo que admirar, piensen en ello. Lo que ustedes aprendieron y recibieron de mí; lo que de mí vieron y oyeron, pónganlo por obra, y el Dios de paz estará con ustedes (Fil. 4:8-9, RVC).

Cuando veas u oigas sobre injusticias, deja que tu enojo justo te lleve a tomar medidas constructivas para corregir el mal. Cuando te sientas amenazada, fuera de control o cuando alguien bloquee tus objetivos egoístas, reconoce tus sentimientos y elige pensar correctamente. Piensa en los pasajes de este capítulo, memorízalos y utilízalos para que guíen tus pensamientos.

Y decide perdonar. El autor Philip Yancey llama al perdón

"el acto antinatural" porque todo lo que hay en nosotros clama por venganza. No te rindas ante esos impulsos negativos. Así como Pablo instruyó a los efesios, piensa largo y tendido sobre el precio que Cristo pagó para perdonarte y deja que tu corazón asimile ese conocimiento para que produzca gratitud y la voluntad de perdonar a quienes te han herido.

> El perdón es el aceite de las relaciones.
>
> JOSH MCDOWELL

Sin embargo, perdonar a otros no implica que debas confiar en quienes te hirieron. Perdonamos porque Dios nos ha ordenado perdonar y porque el perdón nos hace libres de la atadura de la amargura; pero seríamos insensatas si confiáramos en personas poco confiables. Si bien les ofrecemos nuestro perdón libre y por iniciativa propia, ellas deben ganarse la confianza.

Cuando tratamos nuestro enojo, descubrimos heridas y temores ocultos, y a veces, atormentadores. Nos enfrentamos a esos sucesos y lloramos nuestra pérdida y dolor, sabiendo que Dios camina con nosotros por el valle de sombra de muerte. A medida que damos esos pasos de valentía, puede que la expresión de nuestros ojos cambie de una mirada de enojo a lágrimas de tristeza, pero ese desvío es solo temporal. El llanto genuino nos libera de las heridas del pasado, así como el perdón nos hace libres de la amargura.

No nos enfrentemos a los demonios de nuestro pasado solas. Tenemos amigas que nos pueden acompañar y además, Jesús prometió que nunca nos dejará ni nos abandonará. No importa cuán confundidas nos sintamos, Él está a nuestro lado en cada paso del camino. Pídele que te llene de valentía para enfrentar la verdad sobre lo que te causó tanto dolor y confía en que Él te dará más sabiduría, alegría, paz y amor del que jamás hayas sentido.

Nuestro rostro no tiene por qué endurecerse y mostrar el ceño fruncido, o una sonrisa burlona, o miradas hostiles. Cuando nos perdonamos de corazón los unos a los otros, las líneas alrededor de nuestros ojos se suavizan y sentimos la presencia, la paz y el propósito de Dios.

Sana tu herida

1. ¿Cómo describirías las numerosas expresiones de enojo en los ojos de las mujeres? ¿Ves alguna de estas expresiones cuando te miras al espejo? Explica tu respuesta.

2. Lee Juan 2:13-17. Describe algunas diferencias entre el enojo justo y el enojo egoísta.

3. ¿Por qué es significativo que el autor de Efesios 4:26 asuma que nos enojamos?

4. Piensa en alguien que haya estado atrapado en la amargura. ¿De qué manera ésta le dio identidad, energía y control?

5. ¿Es el enojo una emoción superficial que cubre el dolor y el temor? Explica tu respuesta.

6. Después de leer la sección "Un paso adelante" al final del capítulo, ¿crees que necesitas dar alguno de estos pasos? Si es así, escribe un plan acerca de cómo hacerlo, ¿con qué amiga confiable vas a hablar sobre lo que descubras?

Pasajes bíblicos sobre el enojo

"Sean gratos los dichos de mi boca y la meditación de mi corazón delante de ti, oh Jehová, roca mía, y redentor mío" (Sal. 19:14).

"Enójense, pero no pequen; reconcíliense antes de que el sol se ponga, y no den lugar al diablo" (Ef. 4:26-27).

"Y aconteció que cuando él llegó al campamento, y vio el becerro y las danzas, ardió la ira de Moisés, y arrojó las tablas de sus manos, y las quebró al pie del monte" (Éx. 32:19).

"Y me enojé en gran manera cuando oí su clamor y estas palabras" (Neh. 5:6).

"No te entremetas con el iracundo, ni te acompañes con el hombre de enojos, no sea que aprendas sus maneras, y tomes lazo para tu alma" (Pr. 22:24-25).

"¡Cómo oscureció el Señor en su furor a la hija de Sion! Derribó del cielo a la tierra la hermosura de Israel, y no se acordó del estrado de sus pies en el día de su furor" (Lm. 2:1).

"Entonces dijo Dios a Jonás: ¿Tanto te enojas por la calabacera? Y él respondió: Mucho me enojo, hasta la muerte" (Jon. 4:9).

4

La depresión

El problema con la depresión es que un ser humano
puede sobrevivir a casi todo, siempre y cuando vea la
meta de llegada; pero la depresión es tan engañosa y
aumenta tanto cada día que es imposible ver la meta.
La niebla es como una jaula sin llave.

ELIZABETH WURTZEL

Carina parecía tenerlo todo: era inteligente y atractiva, trabajaba con esfuerzo para ascender en la empresa, y ganaba respeto y puestos importantes. Su esposo también había alcanzado el éxito en su carrera. Juntos compartían un estilo de vida cómodo y un matrimonio feliz en apariencia. Algunos años atrás, Carina había tenido su primera hija, una niña, y todo parecía perfecto.

Las amigas de Carina la admiraban por muchas razones. Parecía que podía hacerlo todo: equilibrar una carrera exigente con el tiempo para la familia, trabajar como voluntaria, participar en proyectos comunitarios, hacer ejercicio y participar en la iglesia. Su hogar estaba decorado y diseñado a la perfección y lo mantenía limpio. Carina siempre lucía impecable y se enorgullecía de su apariencia personal.

Pero la primera vez que me encontré con ella, era evidente que algo andaba muy mal. Parecía muy cansada y no se esforzaba por mejorar su apariencia. Tan pronto como empezamos a hablar, se echó a llorar.

Entre ataques de llanto, pudo explicarme los síntomas devastadores que finalmente la obligaron a buscar ayuda. En las semanas anteriores había perdido mucho peso, tenía problemas para dormir, se sentía exhausta, se alteraba con facilidad y había estado muy irritable.

> Una de las cosas más trágicas que conozco sobre la naturaleza humana es la tendencia a posponer la vida. Todos soñamos con un jardín de rosas mágico más allá del horizonte, en lugar de disfrutar de las rosas que hoy florecen frente a nuestra ventana.
>
> DALE CARNEGIE

¿Qué es la depresión?

El vacío, la desesperación y la tristeza que Carina describió son síntomas de depresión, la cual afecta entre el 10 y el 25% de las mujeres, y entre el 5 y el 12% de los hombres cada año. La Asociación Americana de Psicología descubrió que el trastorno depresivo mayor (TDM) es dos veces más común en adolescentes y en adultos del sexo femenino que en los del sexo masculino.[1]

El problema de Carina no era difícil de entender, dado los síntomas. Sufría de depresión posparto, un trastorno que afecta entre el 10 y el 15% de las mujeres en el primer año después del parto.[2]

Si has asistido a una conferencia de Mujeres Extraordinarias, habrás escuchado el testimonio de Chonda Pierce, a quien internaron por tener depresión. Como resultado, ayudó a fundar el Branches Recovery Center [Centro de Recuperación Ramas], un lugar de descanso para ayudar a quienes sufren de depresión y donde se tratan otras cuestiones relativas a la recuperación.

Algunos de los líderes más respetados de la historia lucharon con la depresión, entre ellos Winston Churchill, Martín Lutero y Abraham Lincoln.

La tristeza abrumó a Jonás cuando no se cumplió la profecía sobre la destrucción de Nínive. Elías le pidió a Dios que le quitara la vida porque se sentía deprimido y cansado. Jeremías y Job desearon nunca haber nacido. Líderes recientes de la iglesia han luchado también con la depresión, como John Bunyan y Charles Spurgeon.

Las presiones del pasado y del presente pueden agobiarnos, así como los problemas físicos, los cambios hormonales, la menstruación, el embarazo y el parto. Pueden hacernos sentir estafadas y con la necesidad de tener más energía, resistencia y esperanza para disfrutar la vida. Mientras tanto, estamos paralizadas y sentimos que no es lo que debería ser.

Las señales de depresión incluyen tristeza, desesperanza, pesimismo, dificultad para tomar decisiones, fatiga general, pérdida de energía y desinterés por el trabajo, el sexo, la religión, los pasatiempos y otras actividades. ¡Con razón el simple hecho de salir de la cama por la mañana sea una tarea tan desalentadora! Quienes sufren de depresión también pueden experimentar baja autoestima y sentimientos de culpa, vergüenza e inutilidad. Otros síntomas comunes son pérdida de espontaneidad, insomnio, llanto excesivo, irritabilidad y pérdida del apetito. Solo se necesitan cuatro de los nueve indicadores mencionados para diagnosticar depresión clínicamente.

La depresión se examina mejor desde una perspectiva holística, ya que afecta nuestra manera de pensar, sentir, comportarnos y relacionarnos. Nos sentimos alteradas no solo a nivel emocional, sino también físico. Estos episodios no son simplemente una depresión temporal ni la tristeza pasajera que experimentamos después de una pérdida. La depresión puede interferir con la capacidad de trabajar y, en casos más graves, puede impedirles a las personas salir de la cama o comer. Más del 90% de las personas que se han suicidado tenía síntomas depresivos.[3]

CATEGORÍAS DE DEPRESIÓN
Episodio depresivo grave: Cinco o más síntomas durante un período de dos semanas. Uno de los síntomas debe ser: 1. estado de ánimo depresivo la mayor parte del día o casi todos los días, o   2. disminución notoria de interés o de placer en actividades la mayor parte del día o casi todos los días.
Episodio maníaco: Estado de ánimo anormal y continuamente eufórico, desenfadado e irritable. Dura al menos una semana con otros tres síntomas que coexisten (como autoestima elevada, disminución de la necesidad de dormir, locuacidad excesiva, fuga de ideas o pensamientos acelerados, distracción, aumento de actividades dirigidas hacia una meta, y participación excesiva en actividades con consecuencias peligrosas).

Esta tabla sobre los diferentes tipos de depresión clínica se encuentra en el libro *Manual de diagnóstico y estadística de los trastornos mentales.*[4] Tim me explicó cómo se manifiestan. Como ya lo dije, la depresión no es el típico altibajo emocional ni los sentimientos de tristeza y decepción que todas sentimos de vez en cuando, y que duran unos minutos o incluso, días. La depresión clínica es más grave porque no se trata de un acontecimiento ocasional. Se parece más a un estado constante que dura semanas, meses o incluso, años en algunos casos.

Como indica el cuadro, deben ocurrir uno o más episodios graves para diagnosticar depresión grave, la cual se puede distinguir de un estado de ánimo depresivo común al determinar si lleva dos semanas o más, y si hay pérdida de interés en las actividades que suelen ser placenteras. Además, deben estar presentes cuatro de los siguientes síntomas:

pérdida o aumento de peso (no debido a dieta), o alteración en el apetito

insomnio o sueño excesivo
movimientos reducidos o nerviosismo
pérdida de energía o fatiga
sentimientos de inutilidad, o culpa excesiva o indebida
indecisión o incapacidad de concentración
pensamientos recurrentes sobre muerte o suicidio

Muchas mujeres sufren una clase de depresión más leve denominada trastorno distímico. En estos casos, los síntomas no son tan serios como los de la depresión grave, pero tienen un estado de ánimo depresivo la mayor parte del tiempo durante dos años o más.

> Mi depresión es el amante más fiel que he conocido.
> Por ello, no es extraño que corresponda a su amor.
> SØREN KIERKEGAARD

Razones y causas

Muchos factores pueden causar depresión. Generalmente, los expertos los agrupan en seis categorías diferentes:

influencias biológicas y genéticas (hereditarias)
problemas fisiológicos (mala alimentación, insomnio, tumores y trastornos glandulares)
factores interpersonales (relaciones tensas, divorcio o pérdida de un ser querido)
causas espirituales (pecado y sufrimiento)
tipos de personalidad (temperamento, enojo oculto, soledad, etc.)
causas ambientales (recesión económica, etc.)

¿Has visto la publicidad del medicamento antidepresivo "Pristiq"? Empieza con una mujer que le da cuerda a una muñeca, la cual tiene la cabeza baja y apenas la puede mover. Una voz femenina dice: "La depresión puede hacerte sentir como si fuera necesario darte cuerda para pasar el día…". Después, explica los efectos de la depresión y sus causas: bajos niveles de norepinefrina o serotonina, dos sustancias químicas necesarias para el funcionamiento adecuado del cerebro. Este tipo de publicidad muestra las influencias biológicas y genéticas que a veces causan depresión. Las causas ambientales y el estrés diario también pueden hacer más susceptibles a la depresión a quienes tienen niveles bajos de las sustancias mencionadas.

Los problemas fisiológicos que pueden conducir a la depresión incluyen falta de sueño, alimentación inadecuada, falta de ejercicio regular, trabajo excesivo y agotamiento, especialmente para quienes cuidaron su cuerpo en el pasado. Las enfermedades y las dolencias físicas como el dolor crónico, el hipotiroidismo, un tumor o una lesión traumática pueden alterar los estilos de vida de las personas y provocar sentimientos de depresión. La depresión postparto (que incluye una mezcla de problemas biológicos y fisiológicos) y el trastorno afectivo estacional son dos causas comunes de depresión. La primera genera una lucha difícil y afecta alrededor del 10% de las mujeres en el primer año después del parto;[5] el segundo no dura tanto y se da en las regiones donde hay meses de invierno nublados, clima frío y monotonía.

Los factores interpersonales también pueden causar depresión. Un matrimonio disfuncional se vuelve un factor estresante que, con frecuencia, causa depresión en uno o ambos cónyuges. De hecho, un matrimonio estresante es la principal causa de depresión entre las mujeres.[6] El conflicto y la crítica constante contribuyen a las recaídas. El divorcio, la pérdida de un ser querido (especialmente un cónyuge) y las familias disfuncionales incrementan la probabilidad de depresión.

¿Le has escuchado a un pastor o a un líder de iglesia afirmar que la falta de fe y de oración, y la lectura de la Biblia poco constante causan depresión? Puede que alguien te lo haya dicho. Si es así, quizás te sientas aún más deprimida porque te sientes culpable de no cumplir las supuestas expectativas de Dios para ti.

Eso hicieron los amigos de Job cuando él perdió todo lo que

valoraba (sus siete hijos, su riqueza y su salud). Sus amigos lo acusaron de no vivir de acuerdo con el potencial que Dios le había dado. En efecto, le dijeron que Dios nunca permitiría que les sucediera una tragedia así a quienes vivían de forma honrada y sin pecado. Sin embargo, la Biblia declara dos veces que Job no pecó (Job 1:22; 2:10).

La depresión puede tener también causas espirituales. El pecado y sus consecuencias pueden producir sentimientos depresivos, pero también es importante saber que hay otros factores, además de falta de fe o de constancia en la lectura de la Biblia, que a menudo influyen. ¿Empeoran la depresión la falta de fe o la pereza en las disciplinas espirituales? Por lo general sí, pero no suelen ser las únicas razones.

No quiere decir que el pecado personal no cause depresión. Lee Gálatas 5:19-21 y Colosenses 3:5-10, y reflexiona sobre las cosas de las que debemos deshacernos, según Pablo: amargura, odio, mala conciencia, falta de arrepentimiento por comportamientos y actitudes pecaminosas, inmoralidad sexual, idolatría, envidia, borracheras, celos, disensiones, contiendas, impureza, malicia, lenguaje indecente, avaricia, darle la espalda a Dios, no leer la Biblia, temor al futuro, falta de confianza en la provisión de Dios y falta de fe. Vivir de forma constante y coherente con cualquiera de estas actitudes y comportamientos aumentará el riesgo de depresión de forma significativa porque, al fin y al cabo, te hacen sentir más vacía o más despreciable que antes. Solo la gracia y el perdón de Dios pueden cortar las ataduras y satisfacer los anhelos más profundos de tu corazón.

Cuando vienen las pruebas y las tribulaciones, puede ayudarte tener confianza en que Dios cumplirá los deseos de tu corazón. Él utilizó la tragedia en la vida de Job para pulir y purificar su corazón. Job vivió el sufrimiento con fe y confianza en que el Señor lo ayudaría a superar ese momento difícil. Sin esa fe, podría haber sucumbido a la depresión. Con frecuencia, Él utiliza las pruebas para moldearnos a su imagen (Jn. 15:2; 1 P. 1:6-7), pero si no lo sabemos, seremos propensos a la depresión.

Los problemas de personalidad también pueden conducir a la depresión. Quienes han sufrido experiencias de vida difíciles, como la pérdida de un padre por muerte o por divorcio, pueden ser susceptibles a la depresión. Los individuos que han sufrido este tipo de traumas son mucho más propensos a sentirse culpables aunque no hayan hecho nada mal. Sienten que no merecen amor, por lo que evitan los problemas en las relaciones para no ofender a los demás y así, evitar el abandono.

Los sentimientos de soledad, especialmente entre las personas de edad, también pueden causar depresión. En los primeros capítulos de la Biblia, Dios dijo que no era bueno que el hombre estuviera solo (Gn. 2:18). Otros factores que provocan depresión son el rechazo, los insultos, el fracaso, el éxito (en particular, si se vuelve estresante controlarlo), la falta de acontecimientos positivos y llenos de diversión y de risa, y la mentalidad de que no se puede cambiar la situación.

En general, la depresión es el resultado de varios factores. Es raro encontrar una sola causa en el origen de este estado emocional tan complejo y perjudicial.

> Es mejor encender una pequeña vela
> que maldecir la oscuridad.
> ELEANOR ROOSEVELT

Las mujeres y la depresión

La mayoría cree que las mujeres corren mayor riesgo de deprimirse que los hombres, ya que influyen muchos factores únicos. Por ejemplo, es más probable que las mujeres vivamos en pobreza y suframos de abusos físicos o sexuales. Además, los cambios y las transiciones hormonales, como la menarquia, embarazos, uso de métodos anticonceptivos, ciclos menstruales, abortos, histerectomía, extracción de ovarios, perimenopausia, menopausia y las terapias de reemplazo hormonal, hacen que seamos más susceptibles a sufrir de depresión.

Los factores biológicos son una causa importante de depresión en las mujeres:

Síndrome premenstrual (SPM). Si una mujer padece de altibajos emocionales premenstruales graves, depresión, irritabilidad o ansiedad (con o sin los síntomas físicos), se le diagnostica trastorno disfórico premenstrual (TDPM), el cual afecta hasta al 8% de las mujeres.[7] La mayoría es capaz de enfrentar y sobrellevar estos cambios de humor cada mes de forma efectiva. Sin embargo, pueden llegar a afectar tanto a algunas mujeres que se sienten avergonzadas, desesperadas o fuera de control. Cuando los cambios de humor se vuelven lo suficientemente graves como para interferir en las relaciones y en el desempeño diario, pueden provocar depresión.

Parto (depresión postparto). La depresión postparto leve incluye ataques de llanto, nerviosismo, y sensación de irrealidad y confusión. Los cambios abrumadores que vienen con la maternidad pueden ser la causa, pero también se ha demostrado que contribuyen los cambios hormonales que aparecen entre siete y diez días después del parto.

Menopausia y síndrome del nido vacío. A medida que la mujer envejece, los cambios físicos y emocionales pueden desencadenar episodios de tristeza intensa o depresión grave. Los cambios psicológicos y físicos de la menopausia contribuyen a la elaboración de pensamientos negativos y a las luchas con uno mismo y con la vida. De igual manera, los efectos emocionales y los cambios repentinos en el estilo de vida cuando los hijos dejan la casa pueden alterar a la mujer y causar confusión en su vida.

Un profeta deprimido

La depresión tiene una forma muy sutil de consumirnos la energía y de obligarnos a cuestionar la presencia diaria de Dios en nuestras vidas. Incluso Elías, uno de los grandes profetas de Israel, quien enfrentó al rey Acab y a los falsos profetas de Baal con valentía (1 R. 18:17-40), cayó en una depresión profunda cuando la reina Jezabel lo amenazó de muerte.

Elías no quería vivir más. De hecho, se arrastró debajo de un árbol y muy dolido, le pidió a Dios que le quitara la vida. La Biblia registra los síntomas de depresión del profeta: perdió el apetito y la capacidad de pensar eficazmente, y se aisló de las personas que lo rodeaban. Me sigue asombrando que alguien como él pudiera pedir a Dios que le quitara la vida. Incluso los grandes hombres y mujeres de Dios sobre los que aprendimos en la escuela dominical infantil lucharon en su vida cotidiana.

Elías era un hombre valiente, pero imagina que alguien te persiga y amenace de muerte. ¡Yo estaría asustada! Él lo estaba y respondió con temor.

De hecho, el temor es frecuente en muchos tipos de depresión; de esta manera, la ansiedad coexiste con la depresión en muchos casos. Proverbios 12:25 dice: "La angustia abate el corazón del hombre; pero una palabra amable lo alegra" (NVI).

¿Cómo crees que Dios respondió ante la depresión del profeta? Cuando te sientes así, ¿cómo te imaginas al Señor: crítico, enojado, disgustado o deseoso de que te levantes y hagas algo?

Dios le respondió a Elías con compasión. No lo criticó ni lo reprendió, tampoco lo condenó por sentirse deprimido. Hizo justo lo que necesitamos hacer con quienes están deprimidos (y con nosotras). Primero, lo cuidó a nivel físico al darle comida y descanso. "Y echándose debajo del enebro, se quedó dormido; y he aquí luego un ángel le tocó, y le dijo: Levántate, come. Entonces él miró, y he aquí a su cabecera una torta cocida sobre las ascuas, y una vasija de agua; y comió y bebió, y volvió a dormirse" (1 R. 19:5-6). Después de recibir una segunda porción de comida y bebida por medio del ángel, Elías fue "fortalecido con aquella comida" (v. 8). Luego, Dios lo animó a seguir y le dio instrucciones específicas sobre lo que debía hacer. Deberíamos seguir su ejemplo para ayudarnos a nosotras y a otros a superar los sentimientos depresivos.

Dios también trató los malos pensamientos de Elías, quien

se había aislado y creía que era la única persona fiel al Señor que quedaba en Israel; pero no lo era. "Y yo haré que queden en Israel siete mil, cuyas rodillas no se doblaron ante Baal, y cuyas bocas no lo besaron" (v. 18). Entonces Dios le mandó hacer lo que todas necesitamos cuando estamos deprimidas, inquietas o, de alguna manera, ensimismadas: servir a otros. Lo envió a entrenar a Eliseo, un remedio para su egocentrismo y su depresión.

Elías caminó por el valle de sombra de muerte con Dios y aprendió que nunca lo abandonaría. Aun cuando estamos en las profundidades de la depresión, Él nos muestra su tierna preocupación y nos provee una salida.

================= Un paso adelante =================

Toma conciencia. Infórmate. Es el primer paso para superar la depresión.

Trata tus problemas físicos. Si sospechas que un problema físico causa tu lucha con la depresión, busca ayuda profesional de inmediato. Un estudio indica que la depresión puede surgir como consecuencia de una enfermedad física en el 40% de los casos. Es necesario hacerse un examen físico completo y minucioso. Además, habla con tu médico para que te dé una rutina de ejercicios. Las investigaciones demuestran que el ejercicio moderado reduce la depresión.

Corrige tus pensamientos negativos. Las personas depresivas quieren sentirse mejor, pero sus sentimientos son difíciles de cambiar. La clave es cambiar los patrones de pensamiento negativos que con frecuencia caracterizan a una persona deprimida. Filipenses 4:8 nos da pautas para corregirlos.

Busca apoyo. Las personas depresivas generalmente se apartan de sus amigos, familiares e iglesia para tener el control de sus vidas o para descansar. Esta separación puede ser razonable, pero a menudo las aísla del apoyo y de las interacciones positivas. Es importante mantener un equilibrio entre el descanso, el tiempo con Dios, la interacción con los demás y las actividades externas.

El Salmo 46 fue un poderoso aliento para Martín Lutero en medio de su depresión. Te animo a que lo leas. Incluso en nuestra angustia, podemos encontrar a Dios. Además, un buen grupo de apoyo puede ayudarte.

Busca ayuda externa. Algunas veces, los trastornos depresivos hacen que las personas estén menos dispuestas o sean menos capaces de buscar ayuda. Hay varios tratamientos terapéuticos y medicamentos eficaces que pueden mejorar la calidad de vida y prevenir futuras recaídas. De las personas que buscan ayuda para tratar la depresión grave, el 80% es capaz de volver a sus actividades cotidianas en cuestión de semanas. Si necesitas ayuda, no tengas miedo de buscar a un pastor, un médico o un consejero.

Tu dolor actual puede parecer más fuerte que cualquier esperanza para el futuro, pero recuerda que las cargas que llevas no tienen que ser tuyas por siempre. La esperanza volverá cuando comiences a buscarla. No surgirá si niegas tu situación actual, sino al saber que incluso en medio del dolor de hoy, hay esperanza de un mañana mejor.

Sana tu herida

1. Al leer sobre la depresión y sus efectos, ¿hubo alguna información que describiera tu vida, en el presente o en el pasado?

2. ¿Cuándo te sientes más deprimida: los fines de semana, cuando tu esposo está lejos de casa, durante las vacaciones, por la mañana?

3. Lleva un diario de los momentos en los que te sientes más deprimida y fíjate si encuentras algún patrón. Esto puede darte pistas sobre las circunstancias que desencadenan este sentimiento.

4. ¿Cuáles son los síntomas de depresión con los que más luchas?

5. ¿Has tratado de superar los sentimientos depresivos? ¿Qué te ha dado resultado y qué no?

6. ¿Qué más puedes hacer para superar la depresión?

Pasajes bíblicos sobre la depresión

"A ti, Señor, elevo mi clamor desde las profundidades del abismo. Escucha, Señor, mi voz. Estén atentos tus oídos a mi voz suplicante. Si tú, Señor, tomaras en cuenta los pecados, ¿quién, Señor, sería declarado inocente? Pero en ti se halla perdón, y por eso debes ser temido. Espero al Señor, lo espero con toda el alma; en su palabra he puesto mi esperanza. Espero al Señor con toda el alma, más que los centinelas la mañana. Como esperan los centinelas la mañana, así tú, Israel, espera al Señor. Porque en él hay amor inagotable; en él hay plena redención. Él mismo redimirá a Israel de todos sus pecados" (Sal. 130, nvi).

"¿Por qué te abates, oh alma mía, y te turbas dentro de mí? Espera en Dios; porque aún he de alabarle, salvación mía y Dios mío. Dios mío, mi alma está abatida en mí; me acordaré, por tanto, de ti desde la tierra del Jordán, y de los hermonitas, desde el monte de Mizar. Un abismo llama a otro a la voz de tus cascadas; todas tus ondas y tus olas han pasado sobre mí. Pero de día mandará Jehová su misericordia, y de noche su cántico estará conmigo, y mi oración al Dios de mi vida. Diré a Dios: Roca mía, ¿por qué te has olvidado de mí? ¿Por qué andaré yo enlutado por la opresión del enemigo? Como quien hiere mis huesos, mis enemigos me afrentan, diciéndome cada día: ¿Dónde está tu Dios? ¿Por qué te abates, oh alma mía, y por qué te turbas dentro de mí? Espera en Dios; porque aún he de alabarle, salvación mía y Dios mío" (Sal. 42:5-11).

"[Me ha enviado] a ordenar que a los afligidos de Sion se les dé gloria en lugar de ceniza, óleo de gozo en lugar de luto, manto de alegría en lugar del espíritu angustiado; y serán llamados árboles de justicia, plantío de Jehová, para gloria suya" (Is. 61:3).

"Tú, que me has hecho ver muchas angustias y males, volverás a darme vida, y de nuevo me levantarás de los abismos de la tierra" (Sal. 71:20).

"Porque tu misericordia es grande para conmigo, y has librado mi alma de las profundidades del Seol" (Sal. 86:13).

"Ustedes, que van por el camino, ¿esto no los conmueve? ¡Consideren si hay dolor que se compare con el mío! ¡La ira del Señor se encendió y me envió este sufrimiento!" (Lm. 1:12, RVC).

"Ni lo alto, ni lo profundo, ni ninguna otra cosa creada nos podrá separar del amor de Dios, que es en Cristo Jesús Señor nuestro" (Ro. 8:39).

"Hermanos, no queremos que ignoren lo que va a pasar con los que ya han muerto, para que no se entristezcan como esos otros que no tienen esperanza" (1 Ts. 4:13, NVI).

El deseo: Nunca hay suficiente amor

El deseo de la carne gobierna donde
no hay amor de Dios.

SAN AGUSTÍN

¿Hace cuánto leíste la historia de Cenicienta o Blanca Nieves? ¿Recuerdas el sueño de ser la princesa de un cuento de hadas? Quizás todavía te aferras a ese sueño (¡y parte de mí espera que lo hagas!). Recuerdo haber sentido lo mismo: imaginaba que un príncipe me encontraría y me cortejaría porque era una princesa que se había perdido hacía mucho tiempo o porque era la respuesta a su anhelo de amor y aventura. Mi corazón se hinchaba de placer mientras imaginaba al príncipe tomando mi mano y mi corazón.

Imagina esta escena conmigo: una heroína hermosa entra a una sala y todas las miradas se posan en ella, y se siente un poco confundida y avergonzada por el efecto que causa en las personas de su alrededor. Irradia una seguridad humilde porque simplemente es ella misma, auténticamente real y hermosa, sin ningún motivo o deseo de manipular o seducir a otros.

¿Quién no quisiera ser una princesa de cuentos de hadas? Una mujer hermosa, atractiva, amada, que un príncipe elegante rescata para conquistarla y ofrecerle su reino.

¿Por qué tenemos estos sueños? ¿Será porque insinúa algo real sobre la forma en que Dios nos hizo? Al vivir entre fechas límites, bebés que lloran, cuentas sin pagar y montones de ropa sucia, algo dentro de ti anhela no solo descanso, sino también romance. ¿Recuerdas la última vez que el hombre de tu vida te sorprendió con un ramo de flores? Incluso un intento torpe por cortejarte te hizo sonreír o quizás, hasta te hizo llorar.

Pero si ha pasado mucho tiempo sin sentirnos amadas, es posible que tratemos de satisfacer nuestros anhelos de cualquier manera, incluso siendo un poco "traviesas".

Mientras escribía este capítulo, me esforcé por pensar en buenas anécdotas personales sobre el deseo. Podría hablarte sobre mi obsesión con Donny Osmond cuando estaba en su mejor momento (en caso de que aún no tengas 30 años, él era el Zac Efron de mi adolescencia). Me uní a su club de admiradoras y hasta usé medias rosas grandes. Y sí, hace poco lo seguí en el programa de televisión *Bailando con las estrellas*. Tim se reía.

Pero cuanto más pensaba en este capítulo y en el concepto del deseo, más pensaba en un giro interesante de esta palabra. Comprendo su connotación negativa, el deseo sexual fuera de los límites del matrimonio. Jesús dijo que si deseamos a otro hombre, ya cometimos adulterio en nuestro corazón. Es una enseñanza radical en una cultura como la nuestra, donde el sexo vende. Por donde mires (televisión, películas, libros, revistas, música y publicidad), las imágenes y los mensajes sexuales incitan a las mujeres a liberar a su "parte rebelde" interior y a usar su poder sexual para intensificar su vida.

Pero, ¿qué pasa si deseo la Palabra de Dios? ¿Y si deseo su presencia? ¿Y si deseo a mi esposo Tim?

Al investigar un poco más, encontré que la palabra hebrea para *deseo* significa "desear ardientemente, anhelar, aspirar, ansiar, codiciar, estar entusiasmado por, estar ávido por, tener apetito por". Incluso la palabra hebrea para *codiciar* se define como "desear, estar carnalmente excitado de una manera pura", pero también significa "tener avaricia o ambición, ser avaro o envidioso". Piensa en la forma en que se utilizan estos conceptos en un sentido positivo en las Escrituras:

> En Isaías 26:8, el deseo del pueblo de Dios es por el nombre del Señor.

En Proverbios 13:12, el deseo cumplido se llama árbol de vida.

En el Salmo 19:7-10, David dice que la ley del Señor es más deseable que el oro.

En el Salmo 21:2, David alaba a Dios por concederle el deseo de su corazón.

En 1 Pedro 1:12, los ángeles anhelan contemplar el evangelio.

En Lucas 17:22, Jesús dijo que sus discípulos desearían ver al Hijo del Hombre.

El pastor John Piper explica: "El deseo sexual en sí es bueno. Dios lo creó en el principio y tiene su lugar adecuado. Sin embargo, lo creó para que fuera gobernado o regulado por dos cosas: el respeto hacia la otra persona y la santidad a Dios".[1]

Entonces, ¿el deseo es bueno o malo? Depende de tu mentalidad y de tu corazón. Nuestra cultura ha distorsionado nuestro entendimiento sobre el amor y el sexo, y ha estropeado nuestro deseo (que una vez fue puro) de ser amadas, abrazadas y apreciadas. A veces, cooperamos en este proceso al permitir que nuestros deseos se desaten y al tratar de satisfacerlos de manera inadecuada.

Para algunos, este camino lleva a la pornografía, un gran problema para los hombres, y las mujeres no son inmunes. Las estadísticas muestran que el 70% de las mujeres guarda en secreto sus actividades cibernéticas y el 17% lucha con la adicción a la pornografía. Además, uno de cada tres visitantes a sitios de Internet para adultos es mujer y el 13% admite haber visto pornografía en el trabajo.[2] Y esto solo incluye a quienes lo admitieron. Quizás te preguntes cómo alguien puede enredarse por el simple hecho de mirar imágenes en revistas o por computadora. Sin embargo, piensa en esto: ¿cuántas de nosotras nos vemos atrapadas en telenovelas y nos aseguramos de grabarlas? ¿O cuántas somos adictas a soñar despiertas con otros hombres u otras situaciones?

Curiosamente, las ventas de novelas románticas aumentan

más que las de cualquier otro género en la actualidad. Un artículo de la revista *Los Angeles Times,* "La recesión intensifica la venta de novelas románticas", informó que, si bien las ventas generales del mercado de libros disminuyeron ligeramente en el cuarto trimestre de 2008, las novelas románticas dejaron una ganancia de tres millones de dólares más que el año anterior.[3] La ironía (o lo triste, según lo veas) es que es más probable que los lectores de novelas románticas tengan una relación, independientemente de que estén casados o que vivan en unión libre.

El sitio web *The Internet Filter Review* revela:

- Se gastan USD 3.075,64 en pornografía por segundo.
- 28.258 personas ven pornografía en Internet cada segundo.
- 372 personas buscan términos para adultos en Internet cada segundo.
- Un video pornográfico nuevo se crea cada 39 minutos en Estados Unidos.[4]

Y la Asociación de Autores de Novelas Románticas de Estados Unidos informa:

- 74,8 millones de estadounidenses leyeron una novela romántica en 2008 (un 24,6% de la población), en comparación al 21,8% en 2005.
- El mercado de las novelas románticas tiene 29 millones de lectores habituales.
- El 90,5% de los lectores de novelas románticas son mujeres. La mayoría tienen entre 31 y 49 años y tienen una relación romántica.[5]

Puede que pienses que las mujeres seductoras solo existen en los clubes nocturnos o que son las amantes de hombres adinerados y poderosos, pero son mucho más comunes. Las ves en el centro comercial, en el supermercado y en los restaurantes. Incluso van a la iglesia y a las conferencias de *Extraordinary*

Women [Mujeres extraordinarias]. De hecho, al terminar de leer este capítulo, podrías darte cuenta de que conoces más sobre este tema de lo que quisieras admitir.

Estas mujeres tienen los "ojos de Bette Davis": en su mirada se mezcla la seducción y la confusión. Sus ojos son la ventana a sus corazones y revelan sus deseos ardientes de llenar su vacío interior. Algunas personas han descrito esta situación como un vacío con forma de Dios y, aunque puede que tenga su forma, muchas mujeres lo llenan con fantasías, sueños idealistas o con el hombre perfecto en vez de con Él. Han aprendido sobre el poder del sexo y la sensualidad para controlar y manipular a los hombres que las rodean. De esta forma, adormecen su dolor interior.

No te equivoques. Algunos cristianos se sienten culpables por sus deseos y conductas sexuales, pero el sexo es un regalo que Dios nos dio para que lo disfrutemos al máximo, Él no se avergüenza en lo más mínimo por haberlo creado. Cantar de los Cantares, un libro de la Biblia poco leído, quizás por ser tan descriptivo y erótico, celebra la creatividad y el placer en la experiencia sexual de una pareja. En un pasaje, el amante describe el bello cuerpo de su mujer, su gracia y el deleite que le provoca:

> Tus labios como hilo de grana, y tu habla hermosa; tus mejillas, como cachos de granada detrás de tu velo. Tu cuello, como la torre de David, edificada para armería; mil escudos están colgados en ella, todos escudos de valientes. Tus dos pechos, como gemelos de gacela, que se apacientan entre lirios. Hasta que apunte el día y huyan las sombras, me iré al monte de la mirra, y al collado del incienso. Toda tú eres hermosa, amiga mía, y en ti no hay mancha (Cnt. 4:3-7).

La esposa se deleita en las insinuaciones de su esposo cuando explora cada parte de su cuerpo. Juntos disfrutan de la creatividad y de la sensualidad en todo su esplendor, mientras él "apacienta entre los lirios". Ella lo compara con un joven y atlético ciervo cuando hacen el amor:

Mi amado es mío, y yo suya; él apacienta entre lirios. Hasta que apunte el día, y huyan las sombras, vuélvete, amado mío; sé semejante al corzo, o como el cervatillo sobre los montes de Beter (Cnt. 2:16-17).

Cuando tratamos las necesidades sexuales inapropiadas, el objetivo no es reprimirlas, sino ver la sexualidad a la manera de Dios. El sexo fue idea suya y Él está dispuesto a guiarnos para que disfrutemos este aspecto de nuestras vidas. Sin embargo, es tan poderoso que necesitamos manejarlo con mucho cuidado.

Redención sexual

Podemos pensar que el pecado sexual y el deseo fuera de control están entre los peores pecados, pero Dios parece gozarse al redimir a las personas que el resto de la sociedad margina. La Biblia está llena de historias de hombres y mujeres con vidas sexuales poco ejemplares a quienes el Señor perdonó y restauró de manera maravillosa.

Rahab era una prostituta de Jericó que protegió a los espías de Israel. ¿Había descubierto que el Dios de Israel era el verdadero y no los ídolos que su pueblo adoraba? ¿Cuál fue la medida de la redención del Señor en su vida? Los soldados israelitas les perdonaron la vida a ella y a su familia cuando arrasaron la ciudad, pero lo más significativo es que la encontramos en el registro de Mateo de la genealogía de Jesús. Fue una pecadora sexual que experimentó la gracia de Dios y se convirtió en un eslabón de la cadena que llevaba al Salvador.

Betsabé es una mujer interesante para examinar a la luz del pecado sexual. Tenía una belleza despampanante, pero evidentemente no fue tan discreta al bañarse en el techo de su casa a plena vista del rey David. Él la deseó, la llamó a su palacio y se acostó con ella. No sé si protestó, pero puedo imaginar que estaba intimidada por la posición y reputación de David. Tiempo después, el profeta Natán confrontó a David por su pecado de adulterio y de asesinato para encubrir su pecado. David se arrepintió y experimentó la purificación de Dios. De hecho, el Mesías provino del linaje de David y Betsabé. Él fue un rey poderoso que no solo experimentó las consecuencias de su deseo, sino también la sanidad y la fidelidad de Dios para cumplir con su propósito.

Jesús parecía deleitarse en acercarse a mujeres con problemas. Cuando estaba sentado en la mesa del hogar de un líder religioso, una mujer que había llevado una vida pecaminosa llegó, le bañó los pies con sus lágrimas, los secó con sus cabellos y les aplicó perfume. El anfitrión estaba terriblemente ofendido por la presencia de esta mujer de mala fama en su hogar, pero Jesús vio su corazón, más allá de su conducta pasada, la perdonó y la transformó en una mujer nueva.

También les ofreció perdón a la mujer del pozo y a la mujer sorprendida en adulterio. La primera había tenido cinco parejas y era marginada por su pueblo; la segunda quizás tuviera varias parejas, pero fue sorprendida en el acto (una mala manera de empezar el día). Jesús no se distanció de ellas ni las condenó. Otros ya lo habían hecho sin producir algún efecto positivo. Él entró a sus mundos, las amó, las perdonó y les dio el poder de cambiar el curso de sus vidas.

Puede que la iglesia no hable mucho sobre sexo, pero no es inmune al pecado sexual. La primera carta de Pablo a los corintios trató situaciones que ni siquiera tocarían las telenovelas más picantes: reprendió a un hombre por vivir con la mujer de su padre y corrigió a la iglesia por tolerar dicha situación, que incluso las culturas paganas habrían considerado terriblemente incorrecta. En la segunda carta de Pablo a los corintios, sabemos que el hombre se arrepintió y fue restaurado.

Los deseos sexuales son increíblemente poderosos y, si no los comprendemos, pueden llevarnos a consecuencias trágicas. Si cedemos ante ellos, lastimamos a todos los implicados. Por otra parte, si los reprimimos, nos volvemos hoscas y nos enojamos, y finalmente, nos sentimos obligadas a satisfacerlos de cualquier manera, con cualquiera. Las Escrituras nos dicen de forma enérgica que el sexo es uno de los regalos más hermosos que Dios nos dio. Por lo tanto, nuestros pensamientos al respecto deben ser correctos para poder disfrutarlo; pero aunque no sean así, Dios está ahí para salvarnos y restaurarnos.

> El hambre de amor es mucho más difícil
> de eliminar que el hambre de pan.
>
> MADRE TERESA

Una nueva perspectiva

¿Qué significa el sexo para ti? El sexo significa amor para algunas; para otras, es una manera de controlar a los hombres. A veces, quienes fueron víctimas de abuso sexual o fueron abandonadas concluyen que no es posible tener relaciones reales. Creen que nunca podrán disfrutar de amor abundante, cálido y auténtico, de modo que se conforman con la segunda mejor opción. Si están casadas, se confunden acerca de cómo debe ser la relación con sus esposos. Puede que usen al sexo como una recompensa, un castigo o una herramienta para manipularlos con el fin de obtener lo que quieren. Sin embargo, este contrato implícito se romperá tarde o temprano. Ambos se sienten utilizados, el enojo estalla y la relación se desmorona.

Desafortunadamente, el egoísmo es el camino que nos aleja del sexo puro. Cuando abrimos nuestros ojos para analizar en profundidad cómo pensamos y actuamos en el área sexual, nos damos cuenta de que las imágenes y mensajes culturales influyen de forma significativa. Casi todos los productos de belleza prometen que nos harán sexualmente más atractivas y sensuales. Los programas de televisión y las películas que se habrían considerado escandalosos hace años, ahora son comunes día y noche. Las comedias, los dramas y las telenovelas describen gráficamente los placeres del sexo ilícito (pocas veces muestran el placer sexual en el matrimonio) con muy pocas consecuencias negativas. Si las hay, producen más drama y sexo, o el dolor se sana rápido. Este aluvión de mensajes hace que el sexo extramatrimonial parezca completamente normal y ¡hasta deseable!

Para concientizarnos, solo debemos hablar con nuestras amigas cuyas vidas y familias se han destrozado por la indiscreción sexual. La angustia no se resuelve antes del último comercial; en cambio, dura años y afecta a todas las relaciones. Sí, Dios perdona con misericordia, pero las leyes de la naturaleza no nos eximen de las consecuencias de nuestras decisiones.

¿Por qué los corazones de tantas mujeres se consumen por temas sexuales, como culpa por indiscreciones del pasado, deseo de encuentros sexuales en el presente o el intento de mantener sus pecados sexuales en secreto? La respuesta se remonta a los primeros párrafos de este capítulo: Dios nos hizo seres sexuales y anhelamos encontrar alegría y emoción con la persona que amamos. El impulso de satisfacer nuestros anhelos despierta nuestra creatividad en la habitación, pero también nos hace vulnerables a las tentaciones. Salomón describe con frecuencia la relación causa-efecto de nuestras decisiones en Proverbios. En los primeros nueve capítulos, trata el tema del sexo y describe el desarrollo de la tentación y del pecado sexual de forma clara. Un pasaje nos muestra cómo una mujer seductora teje su red con paciencia para atraer a un posible amante. Sin embargo, también podría tratarse de un hombre que tienta a una mujer para que tenga sexo con él. Las imágenes que describe Salomón podrían ser el guión de un episodio del programa de televisión *Amas de casa desesperadas*:

> Mientras estaba junto a la ventana de mi casa, mirando a través de la cortina, vi a unos muchachos ingenuos; a uno en particular que le faltaba sentido común. Cruzaba la calle cercana a la casa de una mujer inmoral y se paseaba frente a su casa. Era la hora del crepúsculo, al anochecer, mientras caía la densa oscuridad. La mujer se le acercó, vestida de manera seductora y con corazón astuto. Era rebelde y descarada, de esas que nunca están conformes con quedarse en casa. Suele

frecuentar las calles y los mercados, ofreciéndose en cada esquina. Lo rodeó con sus brazos y lo besó, y mirándolo con descaro le dijo: «Acabo de hacer mis ofrendas de paz y de cumplir mis votos. ¡Tú eres precisamente al que estaba buscando! ¡Salí a encontrarte y aquí estás! Mi cama está tendida con hermosas colchas, con coloridas sábanas de lino egipcio. La he perfumado con mirra, áloes y canela. Ven, bebamos sin medida la copa del amor hasta el amanecer. Disfrutemos de nuestras caricias, ahora que mi esposo no está en casa. Se fue de viaje por mucho tiempo. Se llevó la cartera llena de dinero y no regresará hasta fin de mes». Y así lo sedujo con sus dulces palabras y lo engatusó con sus halagos (Pr. 7:6-21, NTV).

¿Y cómo respondió el hombre a su invitación? Salomón nos cuenta: "Él la siguió de inmediato, como un buey que va al matadero. Era como un ciervo que cayó en la trampa, en espera de la flecha que le atravesaría el corazón. Era como un ave que vuela directo a la red, sin saber que le costará la vida. Por eso, hijos míos, escúchenme y presten atención a mis palabras" (Pr. 7:22-24, NTV).

Ninguna mujer decide consciente y racionalmente arruinar su vida con un pecado sexual, pero muchas juegan con la idea y luego, dan pequeños pasos. Cada paso hace que el otro sea más fácil y, finalmente, se zambullen en el desastre de forma precipitada. Con frecuencia, el proceso comienza con fantasías que parecen inofensivas.

Algunas mujeres me han dicho: "Oh, Julie, mis fantasías sexuales no son gran cosa. Y para ser sincera, son la única parte del día que realmente disfruto". Pensar y planear grandes experiencias sexuales con nuestro esposo es bueno y correcto, pero las fantasías sobre indiscreciones sexuales *son* un problema porque consumen nuestros pensamientos, moldean nuestro corazón y ciegan nuestros ojos para que no veamos los propósitos buenos de Dios. Con frecuencia, las fantasías son el combustible inicial que nos impulsa hacia el pecado devastador. Poco a poco, la conducta inconcebible se vuelve concebible y luego, atractiva. Al final, jugueteamos con un plan de acción. Puede que estos pensamientos sean inofensivos e inocentes al principio, pero finalmente demuestran su poder destructivo: si no se manifiestan en un comportamiento pecaminoso, al menos lo hacen en su capacidad de robarnos la alegría, distorsionar nuestras expectativas y envenenar nuestras relaciones. No es raro que Jesús revelara la naturaleza verdadera de los pensamientos llenos de deseo.

> La sociedad hace que las personas se vuelvan locas
> con deseo, y a esto lo llaman publicidad.
>
> JOHN LAHR

Cultiva una actitud sexual desinteresada

Necesitamos entendimiento espiritual para ver más allá de las emociones o aflicciones de nuestra vida sexual para descubrir nuestras motivaciones más profundas en las relaciones. Cuando podemos dar y recibir amor en una relación matrimonial comprometida, tenemos un fundamento firme para los elementos necesarios para el buen sexo: comunicación y creatividad.

Es esencial comprenderse entre sí y ser capaces de crear momentos íntimos juntos para dar y recibir amor plenamente en un matrimonio comprometido, especialmente si las aflicciones del pasado nos roban la alegría en nuestra habitación. No te preocupes, no te voy a pedir que cantes "Sublime gracia" tres veces antes de saltar a la cama con tu hombre. Sin embargo, creo que algunos principios de las relaciones pueden hacer que tu amor sea más dulce que la miel.

En primer lugar, la comunicación y la creatividad requieren tiempo. La escritora africana Ernestine Banyolak describe de manera hermosa el concepto de hacer el amor.

> La experiencia de un hombre es como un fuego de hojas secas. Se enciende fácilmente, arde de manera repentina y se extingue igual de rápido. Por otra parte, la experiencia de una

mujer es como un fuego de carbón incandescente: su esposo tiene que ocuparse del carbón con tierna paciencia. Una vez que el fuego esté ardiendo intensamente, seguirá ardiendo e irradiando calor por mucho tiempo.

Tómate tiempo para amar y estar con tu esposo.

En segundo lugar, debe haber comunicación. Los buenos amantes son capaces de hablar de aspectos importantes de su vida con la persona que aman, incluso sobre las barreras que impiden el sexo apasionado en la habitación. El buen sexo es el fruto de cuidar, aceptar y valorar el amor antes, durante y después de tener relaciones sexuales. La mayoría de las mujeres con quienes he hablado acerca de su pobre vida sexual con su esposo dice que han perdido el momento de conversación íntima antes de dormir.

En tercer lugar, la mayoría de las parejas ha perdido el arte del tacto. Los amantes que están seguros de sí mismos saben tocar a su pareja de manera significativa y sin connotación sexual: se acarician la espalda, se toman de las manos, se besan suavemente, se abrazan, se acarician el pelo... Estas formas significativas de tocarse pueden conducir a la creación y al desarrollo de un vínculo emocional, relacional y físico. La proximidad física puede promover la proximidad en la relación y mejorar la intimidad. Una mujer me dijo hace poco: "Él ni siquiera sabe lo que me gusta, cómo anhelo que me toque". La mayoría de los programas de terapia sexual pone un alto a las relaciones sexuales para enseñarles a las parejas a empezar a tocarse de manera no sexual de nuevo. Tiene sentido, ¿no? No es raro que hayamos perdido la creatividad.

Finalmente, las parejas que disfrutan de una vida sexual satisfactoria desarrollan el arte de ser creativos juntos, pero esto no viene sin ternura. La renombrada autora Ingrid Trobisch dice: "La mayor zona erógena en el cuerpo de la mujer es su corazón". El sexo no fue creado para ser un acto único de expresión o sentimiento. Por el contrario, la dulzura, los actos de bondad y sacrificio (tú sabes, esas pequeñas palabras que caben en la palabra *amor*) se combinan para formar parte de los elementos fundamentales de la satisfacción sexual. El sexo se trata de la unión con tu compañero, diseñada por Dios para crear calidez, intimidad y vínculo. Permite que los actos creativos del sexo mejoren la diversión, la risa y la emoción de una verdadera intimidad juntos (ver Pr. 5:15-19; Cnt. 7:10-13; 1 Co. 7:3-5; He. 13:4).

Un paso adelante

Espero que mis observaciones te ayuden a comprender mejor el propósito de Dios para el sexo y a reconsiderar tu perspectiva. Nuestro deseo de tener relaciones sexuales significativas y emocionantes en el matrimonio no es retorcido, es lo que Dios quiere que disfrutemos. El matrimonio proporciona la seguridad y la protección necesaria para entregarnos a la persona que amamos en cuerpo, mente y alma.

Si sufres por la culpa, por los deseos reprimidos o por las fantasías incontrolables, busca a una amiga o a un consejero que te ayude a ordenar los mensajes confusos de tu mente. No te aísles ni trates de resolverlo por tu cuenta porque rara vez funciona. Da gracias a Dios por los deseos que ha puesto en ti, no los reprimas ni permitas que controlen tu vida. Tu habilidad para decirle "no" a una relación ilícita es testimonio de tu amor e intimidad con Dios.

Cuando te sientas lo suficientemente cómoda para hablar del tema con tu esposo, toma la iniciativa de hablar sobre tu vida sexual. Puede que él se sienta tan incómodo como tú, pero las conversaciones francas y sinceras sobre el sexo son tan importantes como las conversaciones sobre finanzas, hijos, familiares o cualquier otro asunto importante de la relación. Si necesitas ayuda para poner en orden lo que deseas, lo que él desea y cómo dar pasos para encontrar la satisfacción sexual, revisa algunos sitios web y libros cristianos provechosos.[6]

Ten cuidado con lo que lees y con lo que miras en la televisión y en el cine, ya que nuestra mente no está en neutro mientras ciertas imágenes entran a nuestro cerebro. Los mensajes moldean nuestras expectativas, esperanzas y sueños de forma poderosa. En un capítulo anterior, vimos que Pablo alentaba a los creyentes a pensar en cosas verdaderas, honestas, justas, puras y amables. Dicho pasaje (Fil. 4:8-9) se aplica a cada área de nuestras vidas, sobre todo a nuestros pensamientos sexuales. Para que haya un cambio sustancial en nuestro corazón, debemos hacer cambios drásticos en el manejo del control remoto de la televisión. En vez de ver comedias y dramas llenos de escenas sexuales, mira algo mucho más sano, lee un libro o, mejor aún, disfruta de la intimidad sexual con tu esposo. Para inspirarte, lee Cantar de los Cantares en una versión moderna, y deja que su poesía y simbolismo enciendan tu pasión.

He hablado con muchas mujeres que se sienten profundamente decepcionadas porque sus esposos no son tan románticos como ellas quisieran, y las entiendo. Amo a Tim con todo mi corazón, pero algunas veces… bueno, tú sabes. Animo a las mujeres a que no se crucen de brazos y se quejen de que Lancelot se convirtió en Homero Simpson, sino que tomen la iniciativa de crear momentos románticos que fortalezcan su amor por el otro y que lo estimulen sexualmente (en general, no se requiere mucho esfuerzo).

Espero que lleves a Dios a tu habitación. ¿Te parece un concepto extraño? Para muchas mujeres es revolucionario. Adán y Eva disfrutaron del sexo, desnudos y sin vergüenza, a plena vista de Dios en el Edén. No pensaron en esconderse de Él porque reconocían que todas las partes de sus vidas (incluso el sexo) eran buenos regalos de parte de un Creador sabio y bondadoso. Al pensar en el sexo, Dios está con nosotras; al planear una noche romántica, Él se deleita en nuestras actividades; y al experimentar la emoción de la intimidad, del romance y del amor con nuestro esposo, Él sonríe. Recordar que el Señor está con nosotras todos los días, en todo momento, nos puede ayudar a adaptar nuestros pensamientos a sus propósitos. Nuestra culpa se disuelve en su misericordia y gracia, y podemos vivir cada momento a la luz de su bondad.

Las mujeres que luchan con fantasías lujuriosas son como las demás: anhelan ser amadas, pero piensan que pueden llenar los agujeros de su corazón seduciendo a los hombres. Puede que tengan éxito a corto plazo pero, aun así, fracasan rotundamente en sus objetivos a largo plazo. Cuando el sexo no está acompañado de amor auténtico y comprometido, se sienten utilizadas y desechadas. La emoción de la persecución y el acto del sexo prohibido son excitantes al principio, pero no valen la pena. Con el cuidado de Dios, se puede experimentar perdón, sanidad y amor, tal como lo hicieron la mujer del pozo y la adúltera. Quienes fantasean con aventuras sexuales pueden saber que el camino del Señor es el mejor y que pueden confiar en Él. Para algunas, la satisfacción sexual puede ser difícil de alcanzar. Aunque requiera mucho o poco esfuerzo, mucho tiempo o solo un instante, podemos ver esta parte de nuestras vidas de forma más clara al aceptar la perspectiva de Dios sobre la sexualidad.

¿Te ves reflejada en este capítulo o piensas en una amiga que usa su cuerpo para encontrar amor o poder a través del sexo? Las hormonas y los impulsos son increíblemente poderosos, pero el Espíritu de Dios, su poder y la provisión de una amiga confiable pueden ayudar a cualquiera a encontrar paz.

Empieza por confesarle tu deseo pecaminoso a Dios. Arrepiéntete y pídele que satisfaga el anhelo de tu corazón de hallar amor y afirmación con un auténtico deseo de acercarte a Él... y a tu esposo.

Sana tu herida

1. ¿Cómo describes el deseo? ¿Qué necesidad genuina intenta satisfacer? Si conoces mujeres que cedieron ante su deseo excesivo, ¿cuáles fueron los resultados?

2. Lee Cantar de los Cantares 2:16-17 y 4:3-7. ¿Qué metáforas utilizan estos pasajes para describir experiencias sexuales? ¿Qué significan? ¿Cómo podrías comunicarle mensajes similares a tu esposo en tus propias palabras?

3. Revisa las historias de este capítulo en las que Dios redimió a algunos de su pecado sexual. ¿Cuál te llama la atención? ¿Por qué?

4. ¿Qué significa el sexo para ti? ¿Qué quieres que signifique? ¿Luchas con fantasías? Si es así, ¿cómo te afectan?

5. ¿Se comunican bien tú y tu esposo respecto al sexo? ¿Qué pasos puedes tomar hacia la comunicación y la creatividad en la habitación?

6. ¿Qué significa para ti "llevar a Dios a la habitación"? ¿Cómo podrían hacerlo tú y tu esposo?

Pasajes bíblicos sobre el deseo

"La voluntad de Dios es que ustedes sean santificados, que se aparten de toda inmoralidad sexual, que cada uno de ustedes sepa tener su propio cuerpo en santidad y honor, y no en pasiones desordenadas, como la gente que no conoce a Dios. Ninguno debe agraviar ni engañar en nada a su hermano; porque el Señor toma en cuenta todo esto, como ya les hemos dicho y declarado. Pues Dios no nos ha llamado a vivir en la inmundicia, sino a vivir en santidad" (1 Ts. 4:3-7, rvc).

"Escribe al ángel de la iglesia de Tiatira: Esto dice el Hijo de Dios, el que tiene ojos que resplandecen como llamas de fuego y pies que parecen bronce al rojo vivo: Conozco tus obras, tu amor y tu fe, tu servicio y tu perseverancia, y sé que tus últimas obras son más abundantes que las primeras. Sin embargo, tengo en tu contra que toleras a Jezabel, esa mujer que dice ser profetisa. Con su enseñanza engaña a mis siervos, pues los induce a cometer inmoralidades sexuales y a comer alimentos sacrificados a los ídolos. Le he dado tiempo para que se arrepienta de su inmoralidad, pero no quiere hacerlo. Por eso la voy a postrar en un lecho de dolor, y a los que cometen adulterio con ella los haré sufrir terriblemente, a menos que se arrepientan de lo que aprendieron de ella. A los hijos de esa mujer los heriré de muerte. Así sabrán todas las iglesias que yo soy el que escudriña la mente y el corazón; y a cada uno de ustedes lo trataré de acuerdo con sus obras" (Ap. 2:18-23, NVI).

"Pero yo les digo que cualquiera que mira a una mujer y la codicia ya ha cometido adulterio con ella en el corazón" (Mt. 5:28, NVI).

"¿No saben que sus cuerpos son miembros de Cristo mismo? ¿Tomaré acaso los miembros de Cristo para unirlos con una prostituta? ¡Jamás!... Huyan de la inmoralidad sexual. Todos los demás pecados que una persona comete quedan fuera de su cuerpo; pero el que comete inmoralidades sexuales peca contra su propio cuerpo" (1 Co. 6:15, 18, NVI).

"Dichoso el que resiste la tentación porque, al salir aprobado, recibirá la corona de la vida que Dios ha prometido a quienes lo aman. Que nadie, al ser tentado, diga: 'Es Dios quien me tienta'. Porque Dios no puede ser tentado por el mal, ni tampoco tienta él a nadie. Todo lo contrario, cada uno es tentado cuando sus propios malos deseos lo arrastran y seducen. Luego, cuando el deseo ha concebido, engendra el pecado; y el pecado, una vez que ha sido consumado, da a luz la muerte" (Stg. 1:12-15, NVI).

6

La envidia y los celos

Me encantan los zapatos. Generalmente, veo los zapatos de una mujer antes de fijarme en el resto. Mis pies se ponen celosos si veo un par que parecen un poco más bonitos o más cómodos que los míos.

A Wanda Holloway, la "asesina de la mamá de una porrista de Texas", la sentenciaron a 10 años de prisión por tramar el asesinato de la madre de la porrista rival de su hija.

A Nancy Kerrigan la golpearon en la rodilla con una palanca durante una práctica para el campeonato de patinaje artístico de Estados Unidos en 1994. La rival de Kerrigan, Tonya Harding; el ex esposo de Harding; y su guardaespaldas contrataron a Shane Stant para herir a Kerrigan, de manera que no pudiera competir.

¿Has oído hablar de Peter Kowalczyk, participante del show británico *Factor X*? Estaba tan celoso cuando lo descalificaron, que golpeó a la ganadora anterior Leona Lewis en la cabeza, en una firma de libros a finales de 2009.

¿Le has contado alguna vez una buena noticia a alguien, pero su expresión facial decía todo menos "me alegro por ti"?

Puede que la expresión de sorpresa inicial haya cambiado rápidamente a una chispa de deseo: *¡Tienes algo que quiero!* Y ese deseo bien demarcado puede transformarse rápidamente en enojo. El rostro de este tipo de persona expresa envidia y celos. Sus percepciones egoístas le nublan la visión y le roban la alegría. La verdad, desearía que situaciones así fueran poco comunes, pero no lo son.

El diccionario define la envidia como "conciencia dolorosa o resentida de un beneficio que otro goza, acompañada del deseo de poseer ese mismo beneficio". Los celos son la "intolerancia a la rivalidad o a la infidelidad". A menudo usamos estos términos de manera intercambiable, pero hay una diferencia importante. Según la *Enciclopedia de filosofía de Stanford*, los celos implican a tres personas: el sujeto, el rival y el ser querido, haciendo énfasis en el ser querido. Sin embargo, la envidia implica a dos personas: el sujeto y el rival, desde luego centrándose en el rival.

¿Qué nos provoca envidia o celos a las mujeres?

Quizás los sentimos hacia quienes tienen casa, auto, esposo o unas piernas más hermosas, unos senos más voluptuosos, un trasero más firme o un abdomen más definido, más dinero, mejor trabajo u oportunidades más emocionantes. Estoy segura de que puedes agregar más a la lista.

En un estudio donde participaron 278 empleados de 200 organizaciones, el investigador Frederick C. Miner Jr. observó que más del 75% de los encuestados notó una situación de celos en el trabajo.

Quizás no te sorprende, pero a mí sí. Fue incluso más fascinante la distinción que Miner estableció entre los celos y la envidia. Les preguntó a los encuestados: "Si pudiera darle a la persona [celosa] un beneficio similar, ¿esa persona se quedaría satisfecha?". Si el encuestado respondía sinceramente que sí, clasificaba la emoción como envidia; si decía que no, le preguntaba: "Si pudiera quitarte el beneficio que te di, ¿esa persona se quedaría satisfecha?". Si la respuesta era afirmativa, clasificaba la emoción como celos. ¿Cuál es la diferencia? Para la persona celosa, no era suficiente tener lo que otro tenía (más días libres, un mejor cargo o salario), además, quería herirla. Esto aclara mejor las historias del principio de este capítulo.

¡Pero eso no es todo! Los celos y la conducta manipuladora causan incluso más problemas. Miner observó que el 72% de las personas celosas intenta dividir a sus colegas en su lugar de trabajo, haciendo que se alíen con ellas y que se opongan a la persona de quien tienen celos.

> Aunque es natural que las personas hablen, los datos muestran que dichas personas hacen mucho más que transmitir información. Por ejemplo, en más de un tercio de las situaciones, las personas celosas tratan de desprestigiar (esparcir rumores, actuar destructivamente, etc.) a los colegas de los que tienen celos: un cuarto del tiempo tratan de desprestigiar la posición de aquel que otorga el beneficio.[1]

Los celos son un cáncer mental que nos consume. Su esencia es el temor a no ser valioso. Cuanto más mires a los demás y te compares con ellos, más te cruzarás de brazos y creerás la mentira de que son más valiosos que tú. En *La conspiración de Fiesco en Génova*, Johann Christoph Friedrich von Schiller escribió: "Los celos son grandes exageradores". Te hacen creer que los demás se visten mejor, tienen un mejor esposo, más diversión, ganan más dinero y tienen un mejor trabajo.

La esencia de los celos es una sed continua por tener más, más y más. Si no los controlas, te van a consumir porque no te permiten descansar ni encontrar satisfacción.

La delgada línea

La envidia es uno de los siete pecados capitales (Pr. 6), y destruye tanto a la persona como sus relaciones, pero también puede mostrarse de forma más benigna, disfrazada de admiración. Es entonces cuando debemos tener cuidado.

Todas hemos sido bendecidas por alguien que cantó una

canción hermosa. También hemos escuchado a otra persona comentar: "Desearía cantar así". Este comentario no conlleva el enojo y el resentimiento que encontramos en las personas verdaderamente envidiosas. Los celos pueden ser también constructivos. Es válido sentir celos cuando alguien trata de destruir una relación comprometida. Cuando los ojos del esposo se desvían hacia otra mujer, su esposa que lo ama responde con actitud desafiante: "No permitiré que ninguna mujer se interponga entre mi esposo y yo". Su anhelo celoso por el amor de su pareja es sano y justo. Los celos pueden ser aguerridos, para bien o para mal.

Nuestros ojos lo dicen todo. Cuando admiramos con respeto el talento de otras personas, nuestra expresión es diferente a la que tendríamos si tuviéramos envidia y resentimiento hacia ellas. La envidia solo piensa en sí misma y está llena de resentimiento; la admiración está llena de esperanza y alegría.

¿Está bien honrar y elogiar a las personas por sus logros? Claro que sí. Es muy importante respetar a quienes tienen bendiciones terrenales. Sin embargo, deberíamos centrarnos en ellos, no en nosotras.

La envidia y los celos destructivos crecen con las comparaciones. Vemos lo que otros tienen y, de inmediato, pensamos en lo que no tenemos. La publicidad actual tiene mucho que ver: revistas, programas de televisión, carteleras y sitios de Internet anuncian que debemos tener este u otro producto para vernos, sentirnos y desempeñarnos mejor. El mensaje real es que debemos hacer todo para ser mejores que las demás porque ellas son nuestras rivales. Como otros han dicho, las mujeres en realidad no nos vestimos para los hombres, sino que pasamos horas arreglándonos para compararnos con otras mujeres. Comparamos el brillo de nuestra sonrisa, la forma de nuestras piernas, la elegancia de nuestra ropa, el tamaño de nuestros senos, la lealtad de nuestras amigas, entre otros aspectos.

En su excelente libro *El llamado*, Os Guinness resalta que las personas se comparan con quienes tienen talentos similares. Por ejemplo, una pianista talentosa no se compara con un plomero, sino con otros pianistas talentosos. Las personas en las empresas no se comparan con pianistas, sino con quienes tienen cargos más altos, más poder y mejores salarios. Las mujeres hermosas se comparan con quienes son bellas, procuran buscar cosas que las hagan sentir bien, pero casi siempre encuentran cosas que las hacen sentir inferiores.

La envidia y los celos se basan en la insatisfacción. Para sentirnos superiores, buscamos cualquier defecto en las personas que puedan ser rivales potenciales. Nos encanta oír sobre sus defectos y cuando descubrimos que son pequeños, exageramos para que se vean enormes. ¿Para quién los exageramos? Para cualquiera que escuche. Criticamos las imperfecciones más pequeñas de nuestros rivales y nos obsesiona chismear al respecto.

Una mente absorta en comparaciones es un terreno fértil para el engaño. Tergiversamos la verdad con el fin de parecer un poco mejores, y nuestros rivales, un poco peores. Nos sentimos tan bien con nuestra exageración, que no nos damos cuenta de que mentimos para parecer mejores. Y en ningún otro lugar ha hecho más daño ese tipo de exageración que en la iglesia, donde se puede arruinar el testimonio de una persona hasta que apeste peor que una ensalada de huevo podrida. Pensamos: *Todo marcha a la perfección en mi vida porque hago las cosas bien,* cuando nuestras vidas no son tan maravillosas como deseamos que sean porque, si fuera así, no necesitaríamos exagerar la verdad.

Cuando la envidia nos pone en contra de aquel a quien envidiamos, nos hemos vuelto celosas. Desearíamos ser más éticas, que nuestro esposo fuera más piadoso o tener más dinero, y empezamos a chismear sobre quienes parecen tenerlo todo. Los celos promueven el chisme y éste, la división. Al diablo le encanta utilizarlos para desbaratar la unidad del Espíritu y la gloria de Dios.

El amor no es ciego, pero los celos sí.
LAWRENCE DURRELL

Cuando criticamos

¿Puedes imaginarte el honor de ser la hermana de Moisés? Miriam había visto a su hermano liderar al pueblo de Israel y sacarlo de Egipto a través del Mar Rojo hasta el monte Sinaí, de donde bajó con la cara resplandeciente porque había estado con Dios. A lo largo de la historia, pocas personas habían liderado al pueblo del Señor con tal poder, humildad e integridad, y Miriam lo había visto en primera fila.

Pero después de un tiempo, no fue suficiente para ella ser la hermana de este gran hombre. Ella vio cómo Dios hacía milagros a través de él y sintió envidia. Señaló un defecto en la vida de Moisés y permitió que éste dominara su perspectiva. Durante sus años de exilio en el desierto, él se había casado con Séfora, la hija de un sacerdote cusita. Y, décadas después del casamiento y de la salida de Egipto, Miriam y su otro hermano Aarón menospreciaron a Moisés por causa de su esposa. Cuestionaron abiertamente su autoridad como vocero elegido por Dios y manifestaron su desacuerdo mediante una insinuación: "¿Solamente por Moisés ha hablado Jehová?". Ellos querían ser el centro de atención y se preguntaron: "¿No ha hablado también por nosotros?" (Nm. 12:2).

Las Escrituras nos dicen que el Señor los escuchó. Sabemos que Él es omnipresente (está en todos lados, todo el tiempo) y omnisciente (lo sabe todo). Sin embargo, muchas veces olvidamos, por conveniencia, que está presente y que escucha cuando anhelamos lo que los otros tienen y cuando criticamos sus defectos. La envidia nos ciega, por lo que centramos nuestra atención en nuestros intereses egoístas y exigimos lo que creemos que debería ser nuestro. Dios llamó a los tres hermanos a la tienda en la que habitaba su presencia visible (el tabernáculo), donde apareció en una nube y defendió a Moisés:

> Y el Señor les dijo: «Escúchenme bien. Cuando haya entre ustedes profeta del Señor, yo me apareceré a él en una visión, y le hablaré en sueños. Pero con mi siervo Moisés, que es fiel

en toda mi casa, no lo hago así, sino que con él hablo cara a cara, claramente y sin misterios. Él puede ver mi apariencia. ¿Por qué se atreven a hablar mal de mi siervo Moisés?» (Nm. 12:6-8, RVC).

Dios no estaba contento con Miriam y, cuando la nube desapareció, ella se dio cuenta de que tenía lepra. Estaba horrorizada y le pidió a su hermano Moisés, contra quien había tratado de encabezar una rebelión minutos atrás, que le pidiera a Dios que la sanara. Su hermano oró con liderazgo humilde y sin una pizca de venganza: "Te ruego, oh Dios, que la sanes ahora". Sin embargo, el Señor respondió que ella tendría que sufrir siete días de desgracia y aislamiento, como consecuencia de su pecado de envidia. Días después, Miriam entró a la comunidad de nuevo, pero seguramente ese tiempo de aislamiento tuvo un efecto profundo en su vida y en el resto del pueblo, que aprendió que la envidia lleva a la reprimenda severa de Dios y a vivir consecuencias duras.

Esta historia nos permite recordar dos puntos clave. Primero, la envidia excesiva (opuesta a la admiración) es un pecado grave. Dios lo ve como una rebelión contra Él, contra sus propósitos y contra su camino para nuestras vidas. Cuando estamos convencidas de que manejamos nuestras vidas mejor que Él, le exigimos que haga lo que queremos y no lo adoramos ni lo seguimos hacia donde nos guía. Segundo, la envidia produce consecuencias desastrosas, todo lo contrario a lo que esperamos. Queremos la posición de respeto, los elogios y la admiración que otros alcanzan, pero la envidia endurece nuestro corazón y hace que seamos como Miriam en medio de su exilio: detestables. En vez de atraer a las personas hacia nosotras, nuestro enojo y nuestras exigencias las alejan. Por lo tanto, quedamos aisladas y vacías a nivel emocional.

La historia de Miriam nos enseña también una lección sobre la redención. Sí, el pecado tiene consecuencias graves, pero Dios está dispuesto a perdonarnos y a restaurarnos. Nuestro tiempo de aislamiento no es un desperdicio. Ahí, aprendemos el valor incalculable del arrepentimiento. Nuestro corazón duro se ablanda y adoramos al Dios que nos guía con bondad y con fortaleza.

Los celos... son un cáncer mental.

B. C. FORBES

Una nueva perspectiva

Creerse con derechos es el sentido generalizado de que merecemos más y mejores cosas de las que disfrutamos en el presente. En otras palabras, vemos a las demás personas como rivales si tienen más que nosotras, y la envidia y los celos florecen. Nos atormentamos con la idea de que Dios nos ha decepcionado, las personas nos han traicionado y las circunstancias han conspirado para arruinar nuestras vidas. Puede que sonriamos, pero nuestros ojos dicen otra cosa. La expresión de nuestro rostro revela lo que hay en el fondo de nuestro corazón: creemos que no hemos recibido lo que merecemos.

Sin duda, todas nos enfrentamos a decepciones, por lo que no sugiero que actuemos como "eternas optimistas" o que simplemente tratemos de sonreír en medio de nuestras aflicciones. Las Escrituras nos invitan a ser crudamente sinceras sobre nuestro dolor, pero también nos dan la maravillosa esperanza de que Dios está a nuestro lado, cuida de nuestras vidas y puede hacer que la dificultad más horrible ayude para bien. Cuando nos creemos con derechos, tenemos una percepción de la vida que ve "el vaso medio vacío"; en cambio, la fe nos permite ver "el vaso medio lleno". Nuestra actitud es fundamental: si refunfuñamos y nos quejamos de los males que nos han hecho, seremos tan poco atractivas que provocaremos más desengaños en nuestras relaciones; si vemos la mano de Dios en todo lo que vivimos, nos transformamos en un rayo de esperanza para quienes nos rodean.

Creernos con derechos genera comparación, un terreno fértil para la envidia y los celos. Algunas pasamos tanto tiempo comparando nuestras vidas y nuestras circunstancias con las de otras personas que no podemos imaginar otra forma de vida. Es un hábito arraigado. Pensamientos sobre cómo estar a la altura de la belleza, popularidad y riqueza de otras personas absorben nuestra mente y nuestro corazón. Podríamos pensar que solo quienes son extremadamente pobres o las víctimas de abusos se comparan con aquellos que tienen una vida mejor, pero no es así. Hasta los más bellos y acaudalados, y quizás ellos *en especial*, se comparan con otros. Pasan mucho tiempo tratando de tener los que otros tienen.

De todas las personas, Pedro debería haber sido la última persona en compararse con los demás. Durante la última cena de Jesús con sus discípulos, Pedro insistió en que él seguiría siendo fiel aun cuando todos lo abandonaran. ¿Será que Jesús sonrió tristemente cuando le dijo que sería él quien fallaría tres veces esa misma noche? Pocas horas después, Pedro cumplió con la predicción del Señor y negó conocerlo. ¿Quién lo intimidó para ser tan cobarde: soldados amenazantes o líderes religiosos exigentes? Cedió ante criados que estaban alrededor del fuego y que observaban el proceso. Después de su tercera negación, oyó cantar al gallo y vio a Jesús. De pronto, sintió horribles punzadas de vergüenza.

Tres días después, el Señor había resucitado y hablaba con sus discípulos en una habitación cerrada, pero la conversación debió haber sido tan amarga como dulce. Pedro estaba atónito y a la vez encantado de que Jesús estuviera vivo, pero la resurrección resaltó su deslealtad. Su vergüenza y remordimiento debieron haber sido insoportables.

Una par de semanas después, Pedro y algunos de los discípulos volvieron a trabajar como pescadores y Jesús se les apareció de nuevo. Esta vez, Jesús tuvo una conversación privada con Pedro y aclararon las cosas. Hablaron sobre su pecado y su futuro como una persona que había sido perdonada. El Señor le dijo que él sería el líder de la iglesia naciente, pero que sería perseguido por su fe.

Esta es la enseñanza para nosotras: después de la conversación entre Jesús y Pedro, él debió haber sentido el alivio más grande del mundo, pero quedó atrapado en la comparación, incluso en esos momentos de reconciliación y esperanza renovada. Levantó la cabeza, señaló a Juan y le preguntó al Señor: "Y qué de éste?".

Jesús le respondió: "Si quiero que él quede hasta que yo venga, ¿qué a ti? Sígueme tú" (Jn. 21:22).

Pedro necesitaba aprender que la comparación crea descontento y produce aislamiento y dolor emocional. Debió haber aprendido porque pronto se convirtió en un líder fuerte y compasivo de la iglesia naciente (con la ayuda del Espíritu Santo, quien le dio poder en Pentecostés).

Ser agradecido puede ser una reacción natural ante un acto de bondad o de belleza, o una respuesta decidida aunque no veamos razones evidentes para hacerlo. Varios escritores de la Biblia nos alientan a regocijarnos o a dar gracias. En cualquier momento y en cualquier situación, podemos ajustar nuestra perspectiva y ver la vida desde el punto de vista de Dios. La gratitud es, sin duda, una de las características de la personalidad más atractivas que una mujer puede tener.

> La envidia se mata a sí misma con sus propias flechas.
> ANÓNIMO

Un paso adelante

La envidia y los celos pueden exaltar los ánimos en cualquier momento: cuando vemos a cantantes y actrices talentosas y bellas, o cuando saludamos en la iglesia a esposas de hombres acaudalados, atractivos y amorosamente atentos. En momentos así, nuestra primera tarea es saber qué está pasando en nuestro corazón, llevar cautivos nuestros pensamientos y escoger ser agradecidas. Algunas nunca hemos reflexionado sobre lo que pensamos, pero es tiempo de aprender a desarrollar esta habilidad. Recomiendo llevar un diario para centrar nuestra atención y reflexionar en profundidad. Cuando escribo, plasmo mis pensamientos y sentimientos, y después, leo el texto. Soy completamente sincera, por lo que no me pregunto si estoy diciendo la verdad. Respiro profundo y me pregunto cosas como:

> Este pensamiento, ¿está alineado con la verdad, o soy muy negativa o muy positiva?
>
> ¿Me estoy dejando consumir por mis sentimientos?
>
> ¿Qué revelan mis sentimientos sobre mi opinión acerca de Dios, de mí misma y de mi situación?
>
> ¿Qué palabras de sabiduría me ofrecen las Escrituras sobre esta situación?
>
> ¿Por qué motivos puedo estar agradecida?

Esta simple práctica, acompañada de algunos conocimientos sobre la naturaleza verdadera de la envidia, los celos, la comparación y el hecho de creernos con derechos, pueden ayudarnos a cambiar nuestros pensamientos y, por ende, nuestras vidas. No es un truco mágico ni místico para controlar la mente. Cuando Pablo les escribió a los cristianos de Corinto, cuya tendencia a compararse había creado muchos problemas, se refirió a la manera de pensar como si fuese una batalla:

> Pues aunque andamos en la carne, no militamos según la carne; porque las armas de nuestra milicia no son carnales, sino poderosas en Dios para la destrucción de fortalezas, derribando argumentos y toda altivez que se levanta contra el conocimiento de Dios, y llevando cautivo todo pensamiento a la obediencia a Cristo (2 Co. 10:3-5).

En este capítulo, hemos identificado algunas fortalezas en nuestra mente. No las podemos destruir al instante ni con esfuerzos poco entusiastas, sino que es necesario sitiarlas. Debemos construir nuestras defensas y armas poco a poco y con constancia, acabar con los engaños y reemplazar las mentiras con la verdad maravillosa de Dios. Si pensamos en la verdad de Dios durante mucho tiempo, será parte de nuestra memoria y podremos recordarla al instante. Entonces, en lugar de permitir que nuestra mente se desvíe con comparaciones poco saludables y con envidia destructiva, podremos reemplazarlas por conceptos de belleza, verdad, amor y gratitud.

En esencia, vencer la envidia y los celos es confiarle nuestro pasado, presente y futuro a Dios. En vez de aferrarnos a nuestros pensamientos sobre qué nos hará feliz y de exigirle a Él y a otros que cumplan con nuestras exigencias, abrimos nuestras manos, buscamos a Dios y confiamos en que Él nos dará verdadero significado en la vida. De esta manera "perdemos nuestra vida", que es la única forma de hallarla (Mt. 10:39). Dejamos de ver a las personas como competidoras o a las situaciones como oportunidades para ascender en la escalera de la popularidad o del prestigio. Poco a poco, nos transformamos en mujeres cuyas vidas se caracterizan por una sensación profunda de satisfacción. Nos emocionamos con la gracia de Dios en nuestra vida y nos damos cuenta de que nos ha dado mucho más de lo que merecemos. En cierto modo, la gratitud es lo opuesto a creernos con derechos: en lugar de exigir, damos gracias; en vez de refunfuñar, disfrutamos de la satisfacción; y ya no les insistimos a las personas que hagan lo imposible por complacernos, simplemente las amamos.

Un corazón agradecido es hermoso en la vida de cualquiera y se manifiesta con verdadera alegría. ¿Ves esto en los demás? Yo sí y me encanta estar cerca de mujeres así. Algunas han llegado a este punto después de enfrentar una vida de celos amargos y de superarlos con la ayuda de Dios. Otras aprendieron desde muy jóvenes que "la felicidad no es tener lo que deseas, sino desear lo que tienes". ¡Eso me encanta!

Aprender a ser agradecida es una decisión, pero también un

proceso. No te desanimes si ves que tu mente se desvía por las comparaciones y sus feas hermanastras, la envidia y los celos. Vivimos en un mundo impregnado de insatisfacción, por lo que se necesita mucha sabiduría y valor para ver un cambio verdadero en nuestras percepciones, ¡pero puede suceder! Alimenta tu alma con los buenos mensajes de la Palabra de Dios y con el ánimo de amigas de confianza que viven el mismo proceso. Sean sinceras unas con otras y hagan un pacto de hermanas comprometidas a ser mujeres con gratitud genuina. Tu decisión de ser agradecida producirá cambios asombrosos en tu forma de experimentar la vida.

> Dios te ha dado un regalo de 86.400 segundos hoy.
> ¿Has aprovechado uno para decirle "gracias"?
>
> WILLIAM A. WARD

Sana tu herida

1. Compara y contrasta la envidia con los celos.

2. ¿De qué formas la envidia y los celos crecen con las comparaciones?

3. ¿En qué áreas de la vida se comparan las mujeres entre sí? ¿Cómo les afectan las comparaciones a ellas, a sus opiniones y a sus relaciones?

4. ¿Llevas un diario? Si es así, ¿cómo te ayuda a identificar y a cambiar tu manera de pensar? Si no, revisa las preguntas acerca de cómo escribir un diario en este capítulo. ¿Cómo podría ayudarte esta práctica?

5. Lee 2 Corintios 10:3-5. ¿En qué se parece la corrección de nuestros pensamientos a la guerra? ¿Qué significa llevar nuestros pensamientos cautivos a la obediencia de Cristo? ¿Cómo podemos hacerlo?

6. ¿Cómo puedes cultivar gratitud en tu corazón?

7. Tómate un tiempo para escribirle a Dios una carta con el fin de agradecerle por su gracia, por las personas que amas y por todo lo que estás aprendiendo.

Pasajes bíblicos sobre la envidia y los celos

"El corazón apacible es vida de la carne; mas la envidia es carcoma de los huesos" (Pr. 14:30).

"Andemos como de día, honestamente; no en glotonerías y borracheras, no en lujurias y lascivias, no en contiendas y envidia" (Ro. 13:13).

"El amor es sufrido, es benigno; el amor no tiene envidia, el amor no es jactancioso, no se envanece" (1 Co. 13:4).

"Pero si ustedes tienen envidias amargas y rivalidades en el corazón, dejen de presumir y de faltar a la verdad. Ésa no es la sabiduría que desciende del cielo, sino que es terrenal, puramente humana y diabólica. Porque donde hay envidias y rivalidades, también hay confusión y toda clase de acciones malvadas" (Stg. 3:14-16, nvi).

"Desechando, pues, toda malicia, todo engaño, hipocresía, envidias, y todas las detracciones" (1 P. 2:1).

"Porque aún son gente carnal. Pues mientras haya entre ustedes celos, contiendas y divisiones, serán gente carnal y vivirán según criterios humanos" (1 Co. 3:3, rvc).

7

¿La necesidad de tener el control

Puede que no seamos capaces de controlar
todo lo que nos sucede, pero podemos controlar
lo que sucede en nuestro interior.

BENJAMIN FRANKLIN

Me encanta ver a una mujer bajo control: es segura de sí misma, ordenada y tiene determinación. Cuando me queda bien el maquillaje, mi cabello es fácil de estilar y mi café no me salpica en la camisa antes de salir con Zach a la escuela; es un buen día, *tal vez*.

Sin embargo, solo hace falta el síndrome premenstrual, una larga fila en la farmacia, un pequeño accidente en el tráfico de la mañana y el retraso en la cita con el dentista para despertar mi oso interno: el impulso interior de tener todo bajo control.

¿Te ha pasado alguna vez que tuviste inconvenientes antes de almorzar con una amiga y, al llegar, te diste cuenta de que te estaban sirviendo el menú equivocado? Es fácil querer gritar o salir corriendo.

A menudo, me asombra ver cómo un día bien planificado puede irse a pique, hacia un caos irremediable, de forma tan fácil y rápida. Cuando las cosas están fuera de control, quiero intervenir y tomar el control para corregir a todo el mundo y resolver los problemas.

Sin embargo, la necesidad compulsiva de "dirigir, dominar y mandar" (según la definición de *control* de un diccionario) puede ser destructiva, ¡especialmente cuando no puedes hacer nada para cambiar la situación!

Esforzarse por controlar todo es como tratar de atrapar el viento; simplemente, no podemos hacerlo. Percatamos esto intuitivamente y entendemos que rendirse ante la "fanática del control" que llevamos dentro está en directa oposición al mandato bíblico: "Fíate de Jehová de todo tu corazón, y no te apoyes en tu propia prudencia" (Pr. 3:5). Dios ya sabe lo que necesitamos, lo cual me lleva a pensar que puede manejar nuestras vidas mucho mejor que nosotras. Sin embargo, nos cuesta calmar a nuestro "monstruo del control" interior.

Superar nuestra obsesión por el control personal puede ser el reto más grande que podamos enfrentar en el desarrollo espiritual y en la búsqueda de una relación más profunda e íntima con Jesucristo. Esta lucha universal por controlar nuestras vidas, y especialmente nuestras relaciones, predomina sobre todo entre las mujeres. Cuando la mujer comió del árbol del conocimiento del bien y del mal en el huerto del Edén, Dios le dijo: "Tu deseo será para tu esposo, y él se enseñoreará de ti" (Gn. 3:16). La palabra hebrea para *deseo* significa: "imponer, presionar, tener el control". La Nueva Traducción Viviente dice: "Desearás controlar a tu esposo, pero él gobernará sobre ti" (Tim acaba de decir "amén").

La actitud displicente de pasar por alto todas las cosas no le agrada al Señor, porque es Dios de orden. Sin embargo, la supervisión de los mínimos detalles y el intento de controlar cada situación y a cada persona no solo es estresante, sino incorrecto. Él no necesita que controlemos todo. Antes bien, quiere que sometamos nuestra voluntad a Él. No solo es una actitud que le agrada, sino que nos hace sentir maravillosamente seguras.

Las mujeres inseguras se sienten fuera de control y eso las aterroriza. Pueden usar varias tácticas para darle sentido a su vida y lograr cierta apariencia de estabilidad: algunas tratan de tener el control sobre sus amigos y familia haciendo lo necesario para complacerlos y hacerlos felices; otras controlan las situaciones alejando a la gente; y algunas se sienten obligadas a intimidar y a dominar a quienes las rodean para sentirse mejor.

Generalmente, el intento de dominar y controlar a otros surge de la inseguridad emocional y nunca debe confundirse con el amor (algunas hemos sido víctimas de personas dominantes). Incluso el deseo de resolver los problemas de las personas, que tiende a verse como la máxima expresión de la compasión desinteresada, es con frecuencia un intento disfrazado de controlar a otros para sentirnos más importantes. Nuestro servicio tiene que ver con nosotras, no con los demás. Las personas que están profundamente heridas tienden a ser las más exigentes y controladoras.

Frecuentemente, nos sorprende ver al monstruo del control en adictos o psicópatas insensibles, pero no esperamos verlo en nuestras iglesias o cuando nos miramos al espejo. Demasiado a menudo he escuchado historias de conflicto entre mujeres que dicen seguir al Señor. Puede que la tensión haya comenzado por un simple desacuerdo, pero pronto, ninguna está dispuesta a perder, ni siquiera a negociar, y el monstruo del control se posiciona y hace trizas la amistad. Para entonces, el problema inicial ha desaparecido y lo que más importa es ganar la batalla. Ya no están controladas por el fruto del Espíritu, sino por el fruto de la carne, y cada una busca la manera de destruir a la otra.

La pelea es particularmente desagradable en los círculos cristianos, donde las mujeres se sienten obligadas a parecer buenas y afectuosas. Cuando se enfrentan, sonríen mientras clavan el cuchillo del chisme en el corazón de la otra. Si alguien tiene el valor de confrontar a una de ellas, la contrincante la fulmina con la mirada y dice: "Se lo merece".

La raíz del mal

Alguien definió al mal como "hacer algo incorrecto y sentirse bien al respecto". Algunas definiciones son más elaboradas y doctas, pero ninguna es más reveladora. Esencialmente, el mal dice: "Yo quiero lo que quiero y cuando lo quiero, sin importar lo que tenga que hacer para obtenerlo ni quien salga lastimado". Cuando pensamos en el mal, nuestra mente identifica a genocidas como Hitler o Stalin, o a asesinos en serie como Jeffrey Dahmer. Sin embargo, hubo mujeres que también vivieron en tinieblas. Los nombres de Karla Homolka, Rosemary West y Marybeth Tinning no son muy conocidos, pero asesinaron a docenas de personas; y Jiang Qing, esposa de Mao Tse-tung, llevó a su país a una revolución cultural que mató a más de 500.000 personas.

Sin embargo, el mal no se encuentra solo en "esas personas". La tendencia a considerar solo nuestros deseos está en cada una y espera que la encendamos para dominar a quienes nos rodean. En nuestras vidas, se manifiesta a través del egoísmo y el deseo de controlar a las personas, en vez de amarlas. Desde que Adán y Eva pecaron en el Edén, se libra una guerra en nuestros corazones. El profeta Jeremías dijo: "Engañoso es el corazón más que todas las cosas, y perverso; ¿quién lo conocerá?" (Jer. 17:9). Dios nos ha redimido gloriosamente, pero los vestigios de nuestra vieja naturaleza pecadora permanecerán en nuestras vidas hasta que la transformación sea completa y veamos a Jesús cara a cara. Por esta razón, todas tenemos la compulsión de controlar a los demás. Llevamos las semillas de este deseo en nuestro corazón, y germinan y brotan cuando exigimos las cosas a nuestra manera, intimidamos a los demás o controlamos a quienes decimos amar.

En nuestros años de matrimonio, he aprendido "a las malas" la diferencia entre controlar y amar a Tim. La paciencia no corre por mis venas y puedo disgustarme fácilmente por la ropa en el piso, la pasta de dientes en el lavabo y el asiento del inodoro levantado (¡otra vez!). La verdad, mi reacción natural es asegurarme de que Tim sepa cuán irritada estoy, lo cual se convierte en quejas, confabulaciones y frases como: "¡Si tú no _____, entonces yo _____!". Sin embargo, cuando trato de controlarlo, nos enojamos y destruimos la intimidad que los dos queremos. Quizás a ti también te haya pasado. Estoy aprendiendo que el control y el amor no pueden coexistir porque el amor verdadero y piadoso es sacrificial.

Los medios de Jezabel para obtener un fin egoísta

Quizás no haya mujer más conocida en la Biblia por su confabulación perversa que Jezabel, la esposa del rey Acab. De hecho, su nombre se ha convertido en un sinónimo del mal. Un día, su esposo vio un viñedo particularmente hermoso, propiedad de un hombre llamado Nabot, por lo que le ofreció comprarle la tierra o darle otro viñedo a cambio, pero el hombre quería conservar la tierra que sus ancestros habían cultivado por generaciones. Por esta razón, el rey volvió a su casa "resentido y enojado" porque Nabot lo había rechazado.

Sin embargo, Jezabel no era una mujer que aceptaba un "no" como respuesta y no tenía paciencia para soportar a un esposo que hacía mala cara, por lo que prometió obtener el viñedo para Acab y tramó un plan. En secreto, les escribió cartas a los ancianos de la ciudad donde vivía Nabot, las firmó con el nombre del rey y puso el sello real. Las cartas decían: "Que se proclame ayuno, y que Nabot comparezca ante el pueblo. Que sean presentados como testigos dos sinvergüenzas, que acusen a Nabot de haber blasfemado contra el Señor y contra el rey. Que sea arrojado a la calle y apedreado hasta que muera" (1 R. 21:9-10, RVC).

Sin duda, los ancianos conocían la reputación de Acab y Jezabel, por lo que sintieron que no les quedaba otra opción que obedecer. Siguieron las instrucciones al pie de la letra y después, le informaron a Jezabel que Nabot había muerto. De inmediato, ella tomó posesión del viñedo y se lo dio a Acab.

Puede que Jezabel pensara que había hecho una operación encubierta, pero Dios conocía la verdad sobre su confabulación perversa, por lo que mandó a Elías a confrontar a la pareja real. Su juicio fue tan severo como la crueldad del egoísmo de Acab y Jezabel. Elías dijo al rey: "Te he encontrado, porque te has vendido a hacer lo malo delante de Jehová" (1 R. 21:20). Y le transmitió el mensaje de Dios: "He aquí yo traigo mal sobre ti, y barreré tu posteridad y destruiré hasta el último varón de la casa de Acab, tanto el siervo como el libre en Israel. Y pondré tu casa como la casa de Jeroboam hijo de Nabat, y como la casa de Baasa hijo de Ahías [quien sufrió el máximo castigo de Dios], por la rebelión con que me provocaste a ira, y con que has hecho pecar a Israel" (1 R. 21:21-22).

También proclamó el juicio de Dios contra su mujer: "Los perros comerán a Jezabel en el muro de Jezreel" (1 R. 21:23). Los historiadores cuentan que el Señor no solo los juzgó por esa confabulación: "A la verdad ninguno fue como Acab, que se vendió para hacer lo malo ante los ojos de Jehová; porque Jezabel su mujer lo incitaba. Él fue en gran manera abominable, caminando en pos de los ídolos, conforme a todo lo que hicieron los amorreos, a los cuales lanzó Jehová de delante de los hijos de Israel" (1 R. 21:25-26). Dios no los castigó ese día, pero encontramos el resto de la historia en 2 Reyes 9. Jezabel sufrió la espantosa muerte que Él había planeado para ella, lo cual habla sobre la actitud del Señor hacia la maldad.

Al leer las historias del Antiguo Testamento, podemos rechazar los castigos severos que el Señor impuso sobre quienes elegían el pecado en vez de la rectitud. Incluso algunos podemos pensar que el Antiguo y el Nuevo Testamento presentan imágenes muy diferentes de Dios: es severo en el Antiguo Testamento y lleno de gracia en el Nuevo, pero no es así. El Antiguo Testamento contiene algunas de las historias más hermosas sobre su amor maravilloso. De hecho, tiene más referencias al respecto que en el Nuevo Testamento, donde encontramos la culminación de su gracia en Jesús. Sin embargo, todo el Antiguo Testamento señala al Mesías, quien vendría a pagar por nuestros pecados. Y en el Nuevo Testamento encontramos la certeza del juicio recto de Dios (nunca caprichoso, siempre justo) de respetar el deseo de quienes eligieron el egoísmo y el pecado en vez de su ofrecimiento de redención.

El juicio sobre el que leemos en Apocalipsis y en otros libros del Nuevo Testamento es similar a la justicia sobre la que leemos anteriormente en la Biblia. Las Escrituras conforman una historia perfecta sobre la promesa del Redentor, nuestra necesidad urgente de Él y la buena voluntad de Dios de respetar nuestras decisiones en cuanto a seguirlo o no. Podemos encontrar gracia y juicio a lo largo de toda la Biblia.

La historia de Jezabel nos enseña una lección valiosa y simple: nuestras decisiones egoístas tienen consecuencias. Algunas las sufrimos de inmediato, cuando las personas no ceden ante nuestras exigencias e intentos por controlarlas. Puede que perdamos amigas y quedemos solas. Pero muchas veces, puede que suframos las consecuencias más adelante, tal vez cuando veamos a Jesús. Entonces, si somos cristianas, nuestras actitudes y acciones egoístas se quemarán y, en cierta medida, perderemos la alegría de escuchar a Dios decirnos: "Bien, sierva buena y fiel". El control se disfraza de muchas maneras, pero incluso los intentos bien intencionados por solucionar los problemas de las personas nos pueden hacer sentir más frustradas. *No somos Dios*. Y no sé si te pasa pero, en mi caso, tratar de tener el control de mí misma es una tarea muy grande, no la puedo hacer sin la ayuda de Jesús. Creo que voy a dejarle el control de los demás a Dios.

> Quien conquista a los demás es poderoso, pero quien se conquista a sí mismo es aún más poderoso.
>
> TAO TE CHING

Una nueva perspectiva

No es agradable reflexionar sobre lo malo de ser exigentes y controladoras, ¿verdad? Tal vez, al leer este capítulo, te sentiste tentada a no seguir. Pero enfrentémoslo: nos gusta conseguir lo que queremos, pero no es divertido estar cerca de unas fanáticas del control. En esencia, somos egoístas y no podemos dominar al monstruo del control sin la gracia y la fortaleza del Espíritu Santo. Dios quiere que seamos sinceras sobre nuestros pensamientos, actitudes y acciones para experimentar su maravilloso amor purificador en lo profundo de nuestros corazones. La compulsión de controlar crece en lugares ocultos, así que lo mejor que podemos hacer es exponerla a la luz de Dios. Pablo nos dice que todos somos pecadores. En una descripción extensa y penosa sobre el corazón humano, les recuerda a los cristianos romanos: "Todos se desviaron, a una se hicieron inútiles; no hay quien haga lo bueno, no hay ni siquiera uno" (Ro. 3:12).

Incluso como creyentes redimidas, luchamos con nuestros deseos pecaminosos que a veces amenazan con agobiarnos. En la misma carta, el apóstol reflexionó sobre los conflictos de su propio corazón: "Porque lo que hago, no lo entiendo; pues no hago lo que quiero, sino lo que aborrezco, eso hago… Porque no hago el bien que quiero, sino el mal que no quiero, eso hago" (Ro. 7:15, 19). Afortunadamente, proclamó fuerte y claro cuál era la solución a su dilema en el siguiente capítulo: el perdón de Dios. No hay condenación para los hijos de Dios, pero no es excusa para seguir pecando deliberadamente. Por eso, todos los días debo considerarme muerta al pecado y viva para Dios, y ofrecerle mi vida.

Cuando pensamos que hemos llegado a la cima espiritual o que somos inmunes ante el surgimiento del pecado en nuestras vidas, somos vulnerables, y podemos tropezar y caer. No es excusa que nos hayan herido profundamente o que hayamos actuado de cierta manera a lo largo de nuestras vidas. Todos, desde el creyente más reciente hasta el santo más maduro, necesitamos ser conscientes de la lucha interna entre nuestra naturaleza egoísta y el Espíritu de Dios. Pablo escribió sobre este conflicto en su carta a los gálatas: "Digo, pues: Vivan según el Espíritu, y no satisfagan los deseos de la carne. Porque el deseo de la carne se opone al Espíritu, y el del Espíritu se opone a la carne; y éstos se oponen entre sí para que ustedes no hagan lo que quisieran hacer" (Gá. 5:16-17, rvc).

El problema es que a menudo no consideramos los deseos de nuestra naturaleza como pecaminosos, sino que justificamos la ira, excusamos el egoísmo, racionalizamos nuestras exigencias, minimizamos el daño de nuestra maldad sobre otros y no reconocemos que nos equivocamos. Sin embargo, nunca está bien lastimar a las personas, sin importar cuán mal nos trataron. Si no somos sinceras sobre nuestro pecado, no seremos capaces de confiar en Dios para perdonarnos, purificarnos y transformarnos.

Puede que pienses: *Pero Julie, no entiendes. Mis padres* [o cónyuge, amigas, jefe, hijos u otra persona] *me lastimaron terriblemente. Necesito controlar a las personas que me rodean para que nadie más me vuelva a lastimar.* Lo entiendo, pero piensa en esto: protegerte de esta forma tendría mucho sentido si Dios no hubiera provisto una manera para que experimentáramos sanidad y esperanza. Revisar nuestra experiencia nos permite entender el dolor, el temor y la ira que nublan nuestros ojos y distorsionan las relaciones que tenemos. No obstante, un entendimiento más preciso solo ofrece una respuesta incompleta al problema.

Controlar y manipular a otras personas para protegernos no es el camino verdadero para vivir. Las mujeres que actúan así nunca pueden experimentar la belleza ni la intimidad de las relaciones que Dios quiere. No podemos perfeccionarnos mágicamente, pero podemos pedirle a Dios que nos toque en lo profundo del corazón. Nuestro dolor no es demasiado grande para Él ni nuestro "monstruo del control" es demasiado fuerte para que el Espíritu lo domine. Jesús prometió sanar las heridas, calmar los temores, y restaurar el gozo y el propósito en nuestras vidas, pero debemos someter nuestra voluntad a Él.

Sin importar cuánto hemos sufrido por la maldad de las personas, nuestro dolor no justifica que respondamos de la misma manera. Debemos enfrentar la maldad en nuestras vidas y tomar decisiones para tratar las penas profundas que nos impulsan a controlar a otros y las oportunidades diarias para amarlos, en lugar de exigirles que cumplan con nuestros deseos. La próxima vez que cambies al modo "control", recuerda que estás tratando con un hijo de Dios, un hombre o una mujer a quien debes amar, no manipular.

> La única cosa sobre la que tienes control absoluto
> es sobre tus propios pensamientos.
> PAUL THOMAS

Un paso adelante

El primer paso para manejar a nuestro monstruo del control es admitir que tenemos un problema. Debemos confesar nuestra naturaleza manipuladora como un pecado que destruye las relaciones con las personas que amamos. A menudo, nos olvidamos de las consecuencias hirientes de nuestras acciones cuando atacamos. En cierta manera, el mal del control nos ha herido a todas, pero en vez de conspirar contra nuestro archirrival y vengarnos, podemos tomar medidas para experimentar la sanidad.

Amigas o consejeros sabios y maduros pueden ayudarnos a comenzar el proceso, y a dar pasos valientes hacia la integridad. Cuando disfrutemos de la bondad y de la gracia de Dios, podremos descansar, encontrar paz y dejar de controlar compulsivamente a las personas que nos rodean. Cuando aprendamos a confiarle a Dios las personas que forman parte de nuestras vidas, nos daremos cuenta de cuán inútiles fueron nuestros intentos por tener el control, y hallaremos la libertad de ser las mujeres que Él quiere que seamos, en vez de tratar de jugar a ser Dios y controlar a los demás.

Hasta que no nos encontremos cara a cara con Jesús, sufriremos la lucha entre los deseos egoístas inherentes a nuestra naturaleza pecadora, y el poder y el propósito de Dios. Al ser conscientes de esto, no nos sorprenderemos si el Espíritu Santo nos toca el hombro y dice: *Eso fue egoísta. No controles a esa persona así.* Entonces aprenderemos a responder con arrepentimiento y le pediremos ayuda a Dios, en lugar de persistir en los hábitos controladores que destruyen nuestras relaciones.

El deseo de hacer todo a nuestra manera es propio de la naturaleza humana, pero es un enemigo de la vida de fe. Jesús nos enseñó varias veces a vivir de otra forma: dejar de exigir para empezar a agradecer, y reemplazar el control sobre las personas por amor, lo cual nos permite respetar sus decisiones. Él nunca controló, solo decía la verdad y dejaba que los demás decidieran cómo querían responder. Algunas personas, como la mujer que fue perdonada en Lucas 7, le abrieron sus corazones en amor; otras, como el joven rico, se alejaron y Él les dejó ir.

Jesús fue a la cruz porque sabía que el perdón era la única solución para vencer la maldad que hay en nosotros y en nuestras relaciones. Los creyentes de Corinto seguían participando del mal después de convertirse en seguidores de Jesús, por lo que Pablo les escribió una carta dura en la que les exponía sus pecados y los exhortaba al arrepentimiento. Después, se enteró de que su carta había producido efecto, por lo que les escribió de nuevo para afirmarles en su decisión de sumergirse en el perdón de Dios. Es un relato sorprendente sobre el poder del perdón.

> Ciertamente, mi carta fue para ustedes motivo de tristeza, y entonces lamenté haberla escrito porque vi que por algún tiempo ella los entristeció; pero ahora no lo lamento sino que me alegro. Y no porque ustedes se hayan entristecido, sino porque esa tristeza los llevó al arrepentimiento. Ustedes fueron entristecidos conforme a la voluntad de Dios, de modo que en nada fueron perjudicados por parte de nosotros. La tristeza que proviene de Dios produce arrepentimiento para salvación, y de ésta no hay que arrepentirse, pero la tristeza que proviene del mundo produce muerte. ¡Fíjense! Esta tristeza que provino de Dios, ¡produjo en ustedes preocupación, el deseo de disculparse, indignación, temor, vehemencia, celo, y deseos de hacer justicia! Es evidente que en este asunto ustedes no tuvieron la culpa (2 Co. 7:8-11, RVC).

Me encanta esta declaración: "La tristeza que proviene de Dios produce arrepentimiento para salvación, y de ésta no hay que arrepentirse". Cuando tenemos la perspectiva del Señor acerca de la maldad en nuestras vidas, sentimos dolor genuino, pero no es el tipo de remordimiento que nos aplasta. Por el contrario, nos lleva al pie de la cruz, de donde salimos perdonadas, purificadas y llenas de un deseo renovado de agradar a Dios.

Desde luego, el asunto del control puede causarnos problemas también cuando nos dejamos controlar. Puede que no controles a otros tanto como te controlen a ti. Puede que te relaciones con personas que no sienten pena de exigir el cumplimiento de sus exigencias. Sean amigas, colegas o tu cónyuge, ¡se deleitan en su poder! La buena noticia es que no debemos seguir siendo víctimas de su abuso. Con un poco de ánimo, sanidad y nuevas habilidades, podemos aprender a confrontarlas por su actitud controladora e invitarlas a construir una relación basada en la confianza y el respeto, no en la manipulación y el control. Si aceptan nuestro ofrecimiento, podemos empezar de nuevo; si no, debemos protegernos.

La confianza es la base de cualquier relación genuina, así que manipular a otras personas, la destruye. Puede que a veces parezca razonable controlar a otros o dejarnos controlar, pero al final, arruina las relaciones. Dios quiere que cada una de nosotras aprenda a controlarse, y Él se encargará de cambiar a las personas. Eso significa establecer límites saludables, en vez de responder como víctimas. Eres su creación valiosa y nadie tiene la autoridad para someterte a la manipulación.

Para ser sabias en el manejo de relaciones difíciles, necesitamos la dirección del Señor, el consejo de amigas maduras y una dosis saludable de valor para dar pasos decididos o, en algunos casos, para aprender a cerrar la boca. Ambos son adecuados en momentos diferentes, pero necesitamos con urgencia la guía de Dios para discernir cuál nos conviene. Proverbios es un buen libro para empezar a leer las Escrituras; está lleno de consejos divinos sobre cómo desarrollar relaciones saludables.

Interactuar con otras personas puede ser difícil, porque nuestra naturaleza pecadora es egoísta y controladora. Por esta razón, debemos contrarrestarla preocupándonos por las personas de manera desinteresada. Solo el poder de Jesús puede reemplazar el deseo de controlar por el deseo de amar.

Después de estudiar la naturaleza destructiva del control en este capítulo, ¿qué caras se te vienen a la mente? O, ¿te ves reflejada al ser consciente del egoísmo y la manipulación en tus ojos?

Aprende a ver este problema desde el punto de vista de Dios. El control es algo que le importa, ya que las vidas de los demás le pertenecen. Así que, no debemos tratar de tomarlas en nuestras manos. Conquistar al monstruo del control implica someter al Señor nuestra voluntad egoísta. Con esa actitud humilde, podemos experimentar su perdón, perdonar a los demás y ser luz para que vean la verdad sobre sus vidas. Cuando dejamos que Él controle y reforme nuestros corazones egoístas, podemos aprender a amar a los hijos valiosos de Dios, en lugar de traicionarlos y manipularlos.

Sana tu herida

1. ¿Cómo definirías el mal? ¿Qué ejemplos puedes dar?

2. ¿Crees que la conformidad y el intento de controlar a otros son formas comunes de maldad en nuestras vidas? Explica tu respuesta.

3. ¿De qué manera negamos, excusamos, minimizamos o justificamos nuestro deseo de controlar a otros? ¿Qué beneficios trae considerarlo como pecado, en lugar de evitarlo?

4. Nuestra compulsión a controlar puede provenir de experiencias dolorosas del pasado. ¿De qué forma nos ayuda saberlo? ¿Cómo nos paraliza el dolor y nos encierra en patrones de autoprotección y control compulsivo?

5. Lee Gálatas 5:16-17. ¿Cómo se ve esta lucha en tu mente, corazón y acciones? ¿En qué sentido estás ganando o perdiendo?

6. Lee 2 Corintios 7:8-11. ¿Cómo describirías "la tristeza que proviene de Dios"? ¿En qué se diferencia con la tristeza del mundo?

7. Al leer este capítulo, ¿has visto en ti algunas actitudes o

acciones por las que necesitas el perdón y la sanidad de Dios? Si es así, tómate un tiempo para hablar con Él al respecto.

Pasajes bíblicos sobre el control

"Antes del quebrantamiento es la soberbia, y antes de la caída la altivez de espíritu. Mejor es humillar el espíritu con los humildes que repartir despojos con los soberbios" (Pr. 16:18-19).

"Encomienda a Jehová tu camino, y confía en él; y él hará" (Sal. 37:5).

"Ofrezcan al Señor sacrificios de justicia y pongan su confianza en él" (Sal. 4:5, RVC).

"En ti confiarán los que conocen tu nombre, por cuanto tú, oh Jehová, no desamparaste a los que te buscaron" (Sal. 9:10).

"Confíen en el SEÑOR para siempre, porque el SEÑOR es una Roca eterna" (Is. 26:4, NVI).

8
Estresada y exhausta

Mi corazón y yo estamos tan cansados de todas las cosas
que hay debajo del cielo... solo una cosa nos agradaría
más que cualquier otra: el descanso infinito e insondable.

ANÓNIMO

Quizás te sientas como Brenda: estancada, aburrida, vacía y
exhausta. Ella se preguntaba qué andaba mal porque veía
cada punto de su deslizamiento hacia el colapso físico y emocional, pero culpaba siempre a los demás de sus problemas. Como
muchas mujeres hoy, ella tenía grandes expectativas de tener éxito
en cada área de su vida: un matrimonio lleno de amor, hijos responsables y felices, y una carrera ascendente. Desde luego, también soñaba con mantener la figura que tenía a los 23 años y evitar
las arrugas, pero después de tres hijos y unos años encima, fue
abandonando esas metas. Aún así, era muy hábil para manejar su
vida. Me recordaba a un malabarista de circo que balancea una
docena de platos de porcelana sin dejar que ninguno se rompa.

Pero la magia no dura para siempre. Poco después del nacimiento de su tercer hijo, la vida de cristal de Brenda empezó a
mostrar algunas grietas. Me dijo que se sentía frustrada porque
su esposo Juan y sus hijos querían pasar más tiempo con ella,
pero ella estaba a punto de recibir un ascenso en el trabajo y
para lograrlo no debía mostrar desinterés. Quizás más adelante,
pero no ahora.

Obtuvo su ascenso y todo estuvo bien durante un tiempo.
El aumento de salario le permitía darse gustos que hacían que
su vida fuera más agradable, pero pronto su frustración se hizo
oír. Me dijo: "Cuando estoy en casa, no puedo dejar de pensar
en el trabajo; y cuando estoy allá, me preocupo por Juan y por

los niños". Suspiró y reflexionó: "Creo que es el precio que debo pagar en este momento de mi vida". Y nada cambió.

La siguiente ocasión en la que hablé con Brenda, su frustración se había convertido en resentimiento. Apenas podía esconder su enojo hacia Juan, hacia sus hijos y hacia su jefe. ¡Estaba esperando a que estallara conmigo también! Todos parecían ser sus enemigos. Le sugerí que revisara sus prioridades, pero me interrumpió e insistió: "Tú no me entiendes".

Pasaron varios meses antes de volverla a ver, y cuando nos encontramos para tomar un café, me quedé pasmada al ver su apariencia. Su espíritu dinámico había desaparecido. La luz de sus ojos se había apagado y, en su lugar, parecían cansados, sombríos e irritados. No dije nada, pero mi expresión debió haber mostrado lo que pensaba.

Me respondió diciendo: "Es que no he dormido bien, para nada".

Escuché atentamente sus lamentos sobre las cargas, los malentendidos y los callejones sin salida en busca de un cambio. Su relación con Juan se había deteriorado, sus hijos estaban fuera de control y su trabajo exigía más y más tiempo. "No puedo hacer nada para arreglar las cosas. Lo he intentado, pero nada funciona", se lamentó.

Un mes después, Juan llamó para contarme que Brenda había ido al médico. Me dijo: "El diagnóstico es agotamiento. No sé qué hacer".

En nuestro mundo alocado, la presión y el dolor de la vida cotidiana tienen un grave efecto sobre nosotras a nivel físico, emocional, relacional y espiritual. Detente a observar la mayoría de las rutinas: el ritmo de vida hoy es mucho más rápido que hace solo un par de décadas. Ocupamos cada minuto de nuestra existencia en *hacer* algo o en *ir* a algún lado. Algunos dicen que si el diablo no puede hacerte malo, hará que estés más ocupado y, en la sociedad occidental contemporánea, ha tenido un gran éxito. Muy a menudo, acumulamos más compromisos y responsabilidades de las que podemos manejar, y pensamos que agotarnos por Dios y por quienes nos rodean es admirable. Sin embargo, nada puede estar más lejos de la verdad.

- El 44% de las mamás que trabajan admitió estar preocupada por su trabajo cuando estaba en casa, y un cuarto dijo que suele llevar proyectos a casa al menos un día a la semana.
- El 19% de las mamás trabajadoras informó que trabaja los fines de semana con frecuencia o siempre.
- El 20% de los trabajadores dijo que estaría en contacto con la oficina durante sus vacaciones en 2007.
- El estrés y el agotamiento pueden afectar al sistema inmunológico. Están asociados con migrañas, desórdenes digestivos, enfermedades de la piel, hipertensión y cardiopatías. También provocan estrés emocional.[1]
- El 32% de los hijos en familias con padre y madre casados tenía ambos padres trabajando todo el año, a tiempo completo en 2007.[2]

Los increíbles avances en la tecnología y en las comunicaciones nos dan soluciones rápidas. De hecho, nos enfadamos cuando no las tenemos. Pensamos que la tecnología nos daría más tiempo libre, pero se ha demostrado lo contrario: vivimos a un ritmo frenético, tenemos menos tiempo para reflexionar, descansar y relacionarnos, y gastamos más tiempo en ver la televisión, escuchar en nuestros iPods o juguetear con el último aparato. Curiosamente, esperamos hacer más en menos tiempo, con más distracciones que nunca, y corremos a hacer la siguiente tarea con el fin de convertir una vida ocupada en una completa y satisfecha.

Cuando recuerdo cómo era la vida hace unos diez años, me asombran las comodidades tecnológicas de las que disfrutamos hoy (ni siquiera las imaginábamos hace un par de años): computadoras portátiles, acceso a Internet, teléfonos celulares, comunicación a través de mensajes de texto, iPods, radio por satélite, entre otros. Los avances en las comunicaciones, la medicina y los medios de transporte son alucinantes, y la verdad es que los damos por hecho. Nos acostumbramos a esperar facilidad, comodidad y satisfacción instantánea cada hora del día. Estos aparatos, que nos ahorran tiempo, han logrado el objetivo, pero también se han entremetido en nuestras vidas.

Todo cambio, incluso positivo, causa estrés. Ciertas transiciones traen emoción y alegría; otras destruyen a las personas. Algunas tienen un efecto importante en nuestras vidas; otras tienen un efecto mínimo. En un famoso estudio sobre el efecto del cambio, a varios sucesos se les asignó un valor numérico de Unidad de Cambio de Vida. El equipo de investigación les pidió a personas de diferentes trasfondos sociales que puntuaran el grado de confusión que provocaban ciertos acontecimientos. Después, compararon a cada uno con el matrimonio, al que le asignaron 50 puntos de manera arbitraria. El equipo de investigación se sorprendió al descubrir que personas de distintos espectros de edad, sexo, posición social, raza, cultura y educación les dieron puntajes muy similares a los acontecimientos:[3]

Fallecimiento del cónyuge	100
Divorcio	73
Fallecimiento de un miembro cercano de la familia	63
Encarcelamiento	63
Accidente o enfermedad grave	53
Matrimonio	50
Despido laboral	47
Reconciliación matrimonial	45
Jubilación	45
Embarazo	40
Cierre de préstamo hipotecario para compra de casa nueva	31
Ejecución de hipoteca	30
Partida de un(a) hijo(a) del hogar	29
Logros personales sobresalientes	28
Inicio o culminación de estudios	26
Problemas con el jefe	23
Cambio de residencia	20

Estas son algunas de las situaciones estresantes, positivas o negativas, que vivimos las mujeres. Las personas tienen diversas capacidades para manejar el estrés, pero si se suman 50 puntos en seis meses, deberían prestarles atención a los efectos de la presión en sus vidas y tomar medidas para manejar el estrés eficazmente. Si alguien vive situaciones que suman 75 puntos o más, ¡la luz intermitente es rojo brillante! Quienes soportan niveles de estrés fuertes durante mucho tiempo, corren el riesgo de sufrir agotamiento físico, emocional y espiritual, y desesperación.

La encuesta "Estrés en Estados Unidos" (2008), realizada por la Asociación Norteamericana de Psicología, descubrió que dos tercios de los estadounidenses identifican la economía como una fuente importante de estrés en sus vidas; casi la mitad dice que la estabilidad laboral también lo es.[4] Equilibrar un trabajo de media jornada o a tiempo completo con las responsabilidades importantes de sacar adelante a una familia puede ser agotador a nivel emocional y físico.

El estrés es parte de la existencia de las mujeres pero, a veces, la vida te golpea fuerte. Al experimentar múltiples factores estresantes en cortos lapsos de tiempo, los resultados pueden ser desastrosos. Cuando mi amiga Linda y su familia quedaron muy heridas en un accidente automovilístico serio, sus niveles de estrés se dispararon. Los cuatro estaban en hospitales diferentes durante un tiempo prolongado. Todo se salió de control rápidamente.

Los altos niveles de estrés se han vuelto normales para la mayoría de personas. De hecho, el problema no es el estrés, sino el nivel excesivamente elevado del mismo. En su libro *Margin: Restoring Emotional, Physical, Financial and Time Reserves to Our Overloaded Lives* [Margen: Restauración de las reservas emocionales, físicas, financieras y del tiempo en nuestras vidas sobrecargadas], el médico Richard Swenson dice que los niveles moderados de estrés estimulan la creatividad y retan a las personas a lograr mayores metas. Sin embargo, nuestros niveles de estrés pueden aumentar de forma tan gradual que ni siquiera nos demos cuenta. Sin embargo, cuando eso pasa, experimentamos los efectos perjudiciales del exceso de presión. Cuando los niveles de estrés excesivos parecen normales, no notamos el problema y, desde luego, no hacemos cambios. Cada aspecto de nuestras vidas queda afectado cuando estamos bajo presión intensa: nuestro pensamiento no es muy claro, tomamos malas decisiones, la paciencia se evapora y, por consiguiente, los niveles de estrés aumentan aún más. Entonces, sufrimos síntomas fisiológicos como dolores de cabeza y problemas estomacales, nuestras relaciones más importantes se deterioran y nos volvemos menos eficaces, lo cual nos conduce al desánimo, a la depresión y al agotamiento.[5]

Las mujeres sabias reconocen el patrón progresivo del estrés excesivo y hacen algo al respecto. La curva empieza con un nivel de estrés saludable que inspira retos. Con frecuencia se eleva a un nivel tormentoso (pero soportable), que consiste en hacer mucho en poco tiempo. Sin embargo, las dificultades se amontonan, las reservas emocionales disminuyen y la persona sufre un estrés agobiante porque simplemente la vida no funciona. Si no hace un cambio importante en ese momento, puede sufrir un colapso emocional, físico y mental, a menudo descrito como agotamiento.

Nuestro nivel de energía y nuestra perspectiva muestran la etapa de estrés en la que estamos. Quienes disfrutan de la inspiración y de los retos, se sienten maravillosamente vivos y piensan que hacen las cosas bien. Sus vidas están llenas de aventura. Sin embargo, cuando aumenta el estrés, la luz de la vida se apaga poco a poco, el resentimiento se transforma en desesperanza, y finalmente, hay deterioro del corazón, la mente, el cuerpo y el alma.

La buena noticia es que podemos detener el deslizamiento en cualquier punto del camino. Cuanto antes, mejor.

El silencio verdadero es el descanso de la mente.
Es para el espíritu lo que el sueño es para el
cuerpo: alimento y refrigerio.

WILLIAM PENN

Marta, la diligente

Igual que tú, yo también he escuchado muchos sermones sobre María y Marta. Casi siempre, los pastores alaban a la primera porque eligió escuchar a Jesús, y reprenden a la segunda por preocuparse por los preparativos de la cena. En realidad, creo que eso es demasiado simplista y me pongo un poco a la defensiva, ¡quizás porque me parezco mucho a Marta! Piensa en la situación: Jesús era el invitado de honor más importante que había visitado su casa. Cualquier mujer desearía mostrar respeto y prestar atención a los detalles para que la cena fuera maravillosa. Además, es muy probable que no estuviera solo, ¡a lo mejor traía a todo su séquito! Incluso la cena más modesta requiere mucha atención y esfuerzo. Nadie dijo que ella trataba de impresionar a sus invitados, simplemente quería honrarlos de forma apropiada.

En el relato de Lucas, Marta invitó a Jesús a su casa. Ella fue generosa y gentil. Imagino que pensó: *Estoy muy contenta de que Él y sus hombres estén aquí. María disfruta estar con Él y creo que puedo manejarlo sola.* Pero después de un tiempo, el estrés de tener todo listo y a tiempo empezó a atormentarla, y puede que se hubiera sentido abandonada, pues su hermana estaba sentada en la otra habitación escuchando a Jesús. *¿Dónde está María? ¿No se da cuenta de que podría necesitar su ayuda? ¡Al menos podría ofrecerse a poner la mesa!* Finalmente, su ira estalló. Irrumpió en la habitación y le dijo a Jesús: "Señor, ¿no te da cuidado que mi hermana me deje servir sola? Dile, pues, que me ayude" (Lc. 10:40).

A medida que aumentaba el nivel de estrés de Marta, su alegría inicial pudo convertirse en autocompasión y resentimiento hacia María y, probablemente, hacia Jesús porque no le ordenó a su hermana que se moviera y le ayudara. En lugar de eso, Jesús vio el corazón de Marta y la invitó a poner sus prioridades en orden. Le dijo: "Marta, Marta, afanada y turbada estás con muchas cosas. Pero sólo una cosa es necesaria; y María ha escogido la buena parte, la cual no le será quitada" (Lc. 10:41-42).

La lección que aprendí de este momento en la vida de Marta es que debemos ver la vida a través de las prioridades de Dios. No era tan importante honrar a los invitados. Marta empezó con la intención pura y noble de preparar una buena cena para Jesús y sus seguidores, pero podía haberse dado cuenta de que no podía hacerlo sola sin estresarse. Podía haberle pedido ayuda a María más temprano o hacer una comida más sencilla (o podía haberle pedido a Jesús que hiciera un banquete con el pescado y el pan que hubiera en la cocina). Quizás su error fue no tomar correctivos mientras aumentaba el nivel de estrés. Al ver que María no le iba a ayudar, podía haber ajustado sus planes. Preparar una cena sencilla le habría permitido disfrutar mucho más de Jesús y, además, la Biblia no habría incluido esa reprimenda para que todas la leyeramos, ¡qué vergüenza!

Una nueva perspectiva

Todas nos sentimos aceleradas de vez en cuando. Si solo sucede en ocasiones, no es muy grave; pero, si la aguja de nuestro dial se sobrecarga demasiado, el cuerpo y el corazón no podrán soportar la presión. Algunas pueden soportar estrés excesivo por mucho tiempo antes de estrellarse; otras hacen un cráter más rápido. Debemos detenernos a pensar en profundidad sobre los factores que lo causan. Tal vez sean de organización, y se pueden solucionar al establecer prioridades y delegar más eficazmente. Sin embargo, otros casos tienen raíces más profundas en nuestra percepción psicológica y espiritual. Permíteme resaltar algunas razones por las que nuestras vidas pueden estar sobrecargadas.

Niños estresados

Muchos tipos de estrés son autoinfligid[o]{} frecuencia, los padres cooperan con la cult expectativas demasiado altas a sus hijos, quejan cuando los hijos no las cumplen en su totalidad.

El estudio anual de los estudiantes de primer año de la Universidad de Los Ángeles, California (UCLA) demuestra que los adolescentes están obsesionados con tener más posesiones. Tres cuartos de los encuestados dijeron que era fundamental tener "solvencia económica" con el fin de comprar todo lo que deseaban: es una cifra que casi duplica los resultados de la encuesta de hace 40 años. David Walsh, psicólogo y director del Instituto Nacional de Medios de Comunicación y Familia de Estados Unidos, y autor de *Saber decir no a los hijos: por qué los niños necesitan oírlo y cómo sus padres pueden decirlo*, afirma: "Nuestros hijos han absorbido los valores culturales que se representan en las palabras 'más, fácil, rápido y divertido'". Su investigación encontró que los padres actuales gastan 500% más en sus hijos, incluyendo ajuste por inflación, que los de la generación anterior. Walsh agrega: "Muchos padres han desarrollado una reacción alérgica ante la infelicidad de sus hijos".[6] Han jugado un papel importante en la creación de exigencias egoístas en sus hijos. Sin embargo, pueden ayudar a revertir esta tendencia, al menos en sus descendientes.

Del mismo modo, los padres que no logran inculcarles a los hijos la importancia del trabajo en el hogar, erosionan su sentido de responsabilidad, creatividad y dinamismo. Piensa en la vida de una niña estadounidense promedio de clase media: tiene mucha más riqueza disponible que la mayoría de personas en el mundo y más comodidades que la realeza en épocas anteriores. Se entretiene todo el día con la televisión, los videojuegos, el iPod y los sitios de Internet, y se comunica con sus amigos en cualquier momento mediante el teléfono celular, los mensajes de texto, los correos electrónicos y redes sociales como MySpace o Facebook. Está en contacto continuo y rara vez apaga los monitores o el sonido para salir al exterior y mantener una conversación.

Siempre conectada

La influencia dominante de la tecnología tiene un efecto po-
̱o en nuestra capacidad de comunicación. Linda Stone, ex
̱ de Apple y Microsoft, introdujo el término *atención*

parcial continua para describir la distracción constante que nos ocasionan los correos electrónicos, los mensajes de texto, los teléfonos celulares, entre otros aparatos. Lo describe en su sitio de Internet de la siguiente manera:

> Prestar atención parcial continua es prestar atención parcial continuamente debido al deseo de ser un nodo vivo en la red. En otras palabras, queremos relacionarnos y estar relacionados, analizar oportunidades de forma eficaz y optimizar las mejores posibilidades, actividades y contactos en cualquier momento. Estar ocupado y conectado es estar vivo, implica ser reconocido e importarle a alguien. Prestamos atención parcial continua en un esfuerzo por no perdernos nada. Es una conducta que siempre está "encendida" en cualquier lugar y en cualquier momento. Implica una sensación artificial de crisis constante. Siempre nos mantenemos en un nivel de alerta alto cuando prestamos atención parcial continua. Tal sensación artificial de crisis constante es más común en este tipo de atención que en la multitarea.[7]

Muchas deudas

Gran número de personas sufre la carga de las preocupaciones financieras. El gasto excesivo ha llevado a la deuda agobiante del consumidor. El individuo promedio debe miles de dólares en tarjetas de crédito y muchas deudas están tan atrasadas que solo puede pagar el interés cada mes. En 2002, el Centro de Investigación del Crédito observó que las personas que buscaron ayuda de asesores de crédito debían un promedio de 43.000 dólares, de los cuales 20.000 representaban deuda del consumidor y 8.500, deuda rotativa.[8] Sin duda, los números son más inquietantes en la actualidad. Uno de los factores de estrés más comunes en el matrimonio es el conflicto por las finanzas. Algunas mujeres no pueden dormir porque temen no poder pagar sus cuentas mensuales; otras agravan la preocupación con enojo, y culpan a su esposo o a sus hijos por los gastos irresponsables.

Angustiada por la culpa

Parte de la preocupación persistente que sentimos tiene que ver con nuestro pasado: la culpa que sentimos y el dolor que sufrimos. Tratamos de olvidar el dolor que vivimos y que le causamos a otros, pero no podemos librarnos de él. Oramos, vamos a seminarios y leemos libros, pero aún vemos esos rostros que nos miran mal en los momentos de tranquilidad, cuando lo único que queremos es estar en paz. Siempre estamos alerta, a la defensiva contra peligros reales o imaginarios, y nunca podemos relajarnos de verdad. Inconscientemente, nos mantenemos ocupadas para tratar de llenar nuestras vidas y evitar pensar en los fantasmas del pasado, pero los recuerdos impregnan cada momento.

Muy dispuesta a ayudar

Algunas enfrentamos el fantasma acechador del agotamiento porque no hemos aprendido a decir "no". Dios nos ha dado corazones muy generosos, pero las peticiones de ayuda parecen no tener fin, así que damos una y otra vez. Con frecuencia, sentimos que impactamos la vida de alguien positivamente y esa chispa nos mantiene vivas por un tiempo. Sin embargo, necesitamos tener la capacidad de decir: "Me alegra poder ayudarte, pero es todo lo que puedo hacer". Si no le ponemos límite a nuestro servicio, podemos sufrir una fatiga de compasión: la alegría desaparece, el espíritu flaquea y empezamos a molestarnos con quienes acostumbrábamos servir con alegría.

Etapas y fases de la vida

Algunas etapas de la vida son más difíciles que otras, y si no reconocemos esos períodos, podemos llegar a sobrecargarnos. La mayoría reconoce que los años de infancia y adolescencia de los hijos son los momentos más exigentes como madres. Cuando nos mudamos a otra ciudad, nuestra red de relaciones se destroza y, a la mayoría, nos toma aproximadamente tres años entablar amistades nuevas y cálidas. Las enfermedades, los cambios de trabajo y nuestros padres de edad avanzada agregan estrés a nuestras vidas, por lo general, de forma inesperada.

Sueño

El sueño es uno de los elementos más importantes para la renovación diaria de nuestro cuerpo. Sin embargo, se ha convertido en un problema en Estados Unidos debido al ritmo rápido de la sociedad. Nos esforzamos demasiado para cuidar a nuestros hijos, esposos, hogar y trabajo y, como resultado, tendemos a descuidar nuestro propio cuerpo, lo cual nos deja más preocupadas y estresadas. Sin un tiempo de sueño adecuado, la mente y el cuerpo no se recuperan lo suficientemente bien para bajar los niveles de estrés.

Dios diseñó el cuerpo con la necesidad inherente de tener tiempo de recuperación. Los expertos dicen que necesitamos ocho o nueve horas de sueño diarias para reducir el estrés y la ansiedad. Si tienes problemas para dormir, no eres la única. Una encuesta llamada *El sueño en Estados Unidos*, realizada en 2005 por la Fundación Nacional del Sueño de Estados Unidos, reveló que las mujeres son más propensas que los hombres a tener dificultades para quedarse y mantenerse dormidas, y a sufrir somnolencia durante el día, al menos algunas noches o días a la semana.[9]

Trata de desacelerar tu ritmo, desconectarte de la descarga de adrenalina y relajarte intencionalmente antes de probar los somníferos. Lee la Biblia y otros libros en quietud, evita la comida picante, disminuye tu dosis de cafeína durante el día, y trata de hacer ejercicio (te puede ayudar a dormir mejor por la noche). No dudes en ir a ver a un médico o a un consejero profesional. La falta de sueño te hará sentir como loca.

Si estás preocupada por tus hijos, por el trabajo o por una relación, o si solo te quedas despierta en la noche por pensar en las cosas pequeñas de la vida, trata de buscar la forma de entregarle a Dios todas tus cargas del día (Mt. 6:34). Además, solo puedes encargarte de las cosas hasta cierto punto. ¡Necesitas una buena noche de sueño!

Encontrar el equilibrio

Cuando aumentan los niveles de estrés, con frecuencia dejamos las cosas que nos pueden devolver el equilibrio. Los expertos de la salud dicen que el ejercicio, la alimentación sana y el dormir bien son fundamentales para la salud física y emocional, lo cual es mucho más valioso cuando estamos cargadas de ansiedad y nos exigen al máximo.

En un mundo de grandes expectativas, corremos el gran riesgo de agotarnos. El primer paso hacia la libertad es notar las presiones creadas por el ritmo rápido de nuestras vidas y por las exigencias agobiantes, las cuales se han convertido en nuestra segunda naturaleza. Si no podemos notarlas y nombrarlas, seguiremos presas de la rutina y rumbo a la autocompasión, al resentimiento, a las relaciones tensas y al potencial colapso físico y emocional. Pero si podemos identificarlas, seremos conscientes de que tenemos opciones, las cuales nos ofrecen la esperanza de un cambio real.

===== Un paso adelante =====

Las soluciones a los problemas del agotamiento emocional y físico vienen en varias formas y cada mujer debe determinar cuál le sirve más, dadas las circunstancias. ¿Qué observas cuando te miras al espejo? ¿Ves a una persona cansada, irritada, que culpa a los demás (como Marta porque no la ayudan)? Muchas mujeres que conozco deberían contestar a estas preguntas de forma afirmativa, lo cual no las convierte en personas malas, sino en mujeres que han perdido el equilibrio.

En un escala que va del equilibrio al agotamiento, ¿dónde te ubicarías en este momento de tu vida? Si no eres consciente de la presión para ser, tener, complacer y hacer más, y luchas contra ella, lo más probable es que te deslices hacia la opresión del estrés y el agotamiento.

A un nivel más profundo, necesitamos ver las motivaciones que nos llevan a ser tan persistentes. Algunas nos nutrimos de las múltiples ocupaciones. De hecho, nos sentimos orgullosas de hacer todo apresuradamente. Sí, nos quejamos, pero para ser sinceras, presumimos de nuestros días ocupados como si fueran una insignia de honor para impresionar a las personas que nos rodean. Otras nos nutrimos de saber que otros nos necesitan. Nuestra identidad está ligada al hecho de vivir para ayudarles cuando tienen problemas. Nos consideramos salvadoras indispensables. Nos sentimos muy bien cuando vamos al rescate de alguien, pero nos sentimos muy mal cuando no nos necesitan. Cuando nos impulsa una vida ocupada o la compulsión de resolver los problemas de otros, somos como adictas que viven de la descarga de adrenalina que se obtiene al cambiar de un asunto a otro o al resolver problemas.

Algunas necesitamos analizar nuestras vidas y hacer ajustes estructurales. Necesitamos eliminar cosas de nuestros horarios, y dejar de utilizar nuestras vidas ocupadas como insignias de honor ante nuestras amigas. Necesitamos decir "no" a ciertas cosas, (¡aunque sea solo por practicar!), establecer prioridades como el ejercicio, la buena alimentación, el sueño, la relajación, los devocionales profundos, el tiempo con los amigos, la exposición a la belleza de la naturaleza y un tiempo en el que no estemos conectadas a ningún aparato electrónico. Puedes sentirte tentada a corregir a tu esposo o a tus hijos antes de encontrar el equilibrio en tu vida, pero resiste. Sigue adelante, concéntrate en ti misma. Si progresas, otros lo notarán y estarán más dispuestos a seguir tu ejemplo.

En el fondo, una vida desequilibrada es un problema espiritual. Pedro animó a sus lectores en la primera carta que les escribió: "Depositen en él [Dios] toda ansiedad, porque él cuida de ustedes" (1 P. 5:7, NVI). Ahora, ten en cuenta el contexto del versículo: el apóstol les recuerda uno de los temas principales de las Escrituras: "Dios resiste a los soberbios, y da gracia a los humildes" (v. 5). Creo que muchas olvidamos o ignoramos esta verdad fundamental con frecuencia porque tratamos de descifrar la vida a nuestra manera mediante un pensamiento fugaz o una oración superficial. Trazamos nuestro camino sin tener en cuenta la sabiduría de Dios ni sus caminos, y damos pasos para lograr objetivos sin confiar en el Espíritu Santo, quien trabaja en y a través nuestro. Odio decirlo, pero vivimos como ateas prácticas: decimos que creemos en el Señor, pero vivimos como si Él no existiera. ¡Ay! Pedro nos da un buen consejo: "Humíllense, pues, bajo la poderosa mano de Dios, para que él los exalte a su debido tiempo" (1 P. 5:6, NVI). El entendimiento espiritual (tener los ojos bien abiertos para ver a Dios y a sus propósitos) es fundamental para que vuelva a la normalidad nuestra visión borrosa.

En Sofonías 3:17 (NTV), leemos que Dios nos ve como sus hijas: "Pues el Señor tu Dios vive en medio de ti. Él es un poderoso salvador. Se deleitará en ti con alegría. Con su amor calmará todos tus temores. Se gozará por ti con cantos de alegría". Estas palabras reconfortan mi espíritu y me dan esperanza en medio del ajetreo de mis días porque Él me calmará con su amor. A veces, lo siento en la frescura del viento sobre mi rostro, en un bello atardecer o en la palabra amable de un desconocido. Pero, para ver el amor de Dios, es necesario detenernos y mirar. Él se gozará por nosotras con alegría y con cánticos, aunque tengamos el cabello horrible, estemos pasando un mal día o recibamos una noticia devastadora.

En medio de nuestros días ocupados e imperfectos, a veces debemos luchar para recordar que el descanso es un principio bíblico. Dios ordena que descansemos y nos invita a hacerlo en Él. Escucha las palabras de Jesús en Mateo 11:28-30: "Vengan a mí todos ustedes que están cansados y agobiados, y yo les daré descanso. Carguen con mi yugo y aprendan de mí, pues yo soy apacible y humilde de corazón, y encontrarán descanso para su alma. Porque mi yugo es suave y mi carga es liviana" (NVI). En medio de nuestros días acelerados y ajetreados, el Señor nos invita a venir, a estudiar y a aprender de Él y de sus caminos. Jesús nos dará descanso y una multitud de bendiciones hermosas como la paz (Jn. 14:27), el amor (Jer. 31:3), la alegría (Jn. 15:11) y la vida en abundancia (Jn. 10:10). Así que entrégale tu agenda repleta y pídele que te ayude a cumplir con tus obligaciones y a priorizar tu día.

La paz y el descanso de Dios son tuyos, si los deseas. Cuando estamos en su presencia y reconocemos que solo Él es suficiente, nuestro espíritu puede permanecer en calma si le permitimos que nos guíe y controle nuestras vidas (a veces tan ajetreadas). No tienes que hacerlo *todo*, eso es imposible. Lo único que debes hacer cada día es obedecer a Dios. Haz lo que Él quiere, y puede que notes que algunas cosas estresantes de tu lista no son en realidad tan importantes.

¿En quién pensabas mientras leías este capítulo? Quizás te vino a la mente la cara de una amiga o de un miembro de tu familia, o tal vez Dios te haya permitido ver esa expresión en tus ojos. Si nos limitamos a tratar de reacomodar las piezas del rompecabezas de nuestras vidas, vamos a quedar tan extenuadas como antes. Es mejor acudir al Señor, confiar en su sabiduría y su verdad, y orientarnos según su amor, sus propósitos y el poder de su Espíritu en nosotras.

Sana tu herida

1. ¿Cuáles son algunos de los indicadores de que el estrés saludable y constructivo se ha convertido en negativo y opresor?

2. ¿Cuáles son algunos de los indicadores del agotamiento inminente? ¿Cuáles son algunas de las causas comunes que has visto en otros o en tu vida?

3. Lee Lucas 10:38-42. ¿Cambió tu impresión sobre Marta al conocer sus motivos? ¿La situación y los motivos justifican su mala actitud? Explica tu respuesta.

4. ¿De qué manera los avances en la tecnología han aumentado las expectativas que tienen las personas de una vida mejor? ¿De qué forma esas expectativas afectan tus actitudes, tus relaciones personales y las de tu familia?

5. ¿Dónde ubicarías tu vida en una escala donde -5 implica agotamiento total, 0 es una vida equilibrada y +5 indica ocupación compulsiva? Explica tu respuesta. ¿En qué dirección te estás moviendo?

6. ¿De qué forma nuestras vidas ocupadas pueden ser insignias de honor? ¿De qué forma ayudar a las personas se puede convertir en una adicción?

7. Lee 1 Pedro 5:5-9. ¿Por qué la humildad y la fe son fundamentales para superar la ansiedad? ¿Cómo se relacionan la ansiedad y el orgullo?

8. Escribe un plan específico para tratar con el estrés excesivo en tu vida. Trata temas como confiar en Dios, pasar tiempo con Él, desconectarse de la tecnología, decir "no" a lo que no es prioritario, volver a disfrutar de la vida, hacer ejercicio, alimentarse bien y dormir.

─────── Pasajes bíblicos sobre el estrés y el agotamiento ───────

"Depositen en él toda ansiedad, porque él cuida de ustedes" (1 P. 5:7, NVI).

"A ustedes no les ha sobrevenido ninguna tentación que no sea humana; pero Dios es fiel y no permitirá que ustedes sean sometidos a una prueba más allá de lo que puedan resistir, sino que junto con la prueba les dará la salida, para que puedan sobrellevarla" (1 Co. 10:13, RVC).

"La angustia abate el corazón del hombre, pero una palabra amable lo alegra" (Pr. 12:25, NVI).

"Alzaré mis ojos a los montes; ¿de dónde vendrá mi socorro? Mi socorro viene de Jehová, que hizo los cielos y la tierra. No dará tu pie al resbaladero, ni se dormirá el que te guarda.

He aquí, no se adormecerá ni dormirá el que guarda a Israel. Jehová es tu guardador; Jehová es tu sombra a tu mano derecha. El sol no te fatigará de día, ni la luna de noche. Jehová te guardará de todo mal; Él guardará tu alma. Jehová guardará tu salida y tu entrada desde ahora y para siempre" (Sal. 121).

"No se preocupen por nada. Que sus peticiones sean conocidas delante de Dios en toda oración y ruego, con acción de gracias. Y que la paz de Dios, que sobrepasa todo entendimiento, guarde sus corazones y sus pensamientos en Cristo Jesús" (Fil. 4:6-7, rvc).

"La paz les dejo, mi paz les doy; yo no la doy como el mundo la da. No dejen que su corazón se turbe y tenga miedo" (Jn. 14:27, rvc).

"Dios es nuestro amparo y fortaleza, nuestro pronto auxilio en las tribulaciones. Por tanto, no temeremos, aunque la tierra sea removida, y se traspasen los montes al corazón del mar; aunque bramen y se turben sus aguas, y tiemblen los montes a causa de su braveza" (Sal. 46:1-3).

"Jehová será refugio del pobre, refugio para el tiempo de angustia. En ti confiarán los que conocen tu nombre, por cuanto tú, oh Jehová, no desamparaste a los que te buscaron" (Sal. 9:9-10).

"Él da esfuerzo al cansado, y multiplica las fuerzas al que no tiene ningunas" (Is. 40:29).

9

El dolor profundo

La verdadera vida es, con frecuencia,
la vida que no llevamos.

OSCAR WILDE

Ya había escuchado hablar de María Belén antes de conocerla. Las personas decían que era la mujer más dulce del mundo. Cuando la conocí, estuve de acuerdo. Su disposición alegre casi brillaba. Mientras trabajaba en el equipo de liderazgo para un ministerio femenino de una iglesia grande, felicitaba de forma sincera a las personas por sus esfuerzos y le agradecía a cualquiera que hiciera algo por los demás. Todos adoraban estar a su alrededor, pero cuanto más la observaba, comencé a sospechar que su sonrisa constante quizás ocultaba algo más oscuro en su pasado.

Durante las semanas siguientes, nos cruzamos un par de veces. María Belén tenía muchas responsabilidades en una de nuestras conferencias, y estuve con ella en algunas reuniones de planificación. Iluminaba la habitación con su optimismo en cada encuentro. Sin embargo, una vez alguien dio la mala noticia de que una mujer que trabajaba en estrecha colaboración con ella se había equivocado. Por esta razón, le dijo: "Lo siento, María Belén, pero ahora tendrás que hacer el doble de trabajo en la mitad del tiempo".

María Belén sonrió dulcemente y respondió: "Oh, no importa. Sabemos que todo es para el Señor".

María Belén era conocida por su conducta agradable, pero ahora parecía demasiado risueña. Se negaba a reconocer *cual-*

quier tipo de problema. Su vida parecía perfecta, pero me preguntaba qué había detrás de su máscara de alegría. ¿Dónde estaban el dolor, las penas, la tristeza, las preocupaciones comunes y el estrés de la vida? ¿Acaso era inmune?

No me malinterpreten. Me encanta estar cerca de personas optimistas y con esperanza, pero si vamos a vivir en la realidad, debemos reconocer las dificultades y las aflicciones que sufrimos de vez en cuando. Una lectura de los Salmos nos muestra la gama completa de emociones que experimentaron los autores, desde la alabanza hasta el profundo desánimo; desde el agradecimiento hasta el enojo intenso. Ser optimista no significa ser poco realista en cuanto a los problemas de la vida, sino confiar en Dios incluso en los momentos más adversos.

Decidí iniciar una conversación con María Belén para ver hasta dónde podría llegar. Días después, nos reunimos para tomar un café. Encontramos una mesa retirada al fondo y le dije que estaba muy agradecida por toda su ayuda durante la conferencia. Ella sonrió y bajó la vista. Luego dijo con suavidad:

—No es nada, de verdad.

—Me gustaría conocerte. Cuéntame sobre tu familia —continué.

Ella resplandecía mientras me contaba sobre su esposo y sus tres hijos, entre 8 y 17 años. Parecían ser la familia perfecta, pero yo quería investigar un poco más.

—¡Lo que cuentas es maravilloso! Sin embargo, todos vivimos épocas difíciles. ¿Tú y tu familia han pasado por alguna dificultad? —le pregunté.

—Oh, ninguna. Somos realmente felices, Dios ha sido muy bueno con nosotros —contestó rápidamente.

¿Ninguna dificultad? Era demasiado bueno para ser verdad, por lo que tomé un camino distinto.

—Cuéntame de tu familia cuando eras niña, ¿cómo eran tu papá y tu mamá?

Su expresión cambió al instante. Dudó un poco, y luego me dijo:

—Mi padre hacía todo lo que podía para ser un papá maravilloso y en verdad lo era. Mi madre es una mujer maravillosa... tan querida. No podría pedir más.

Parecía esperar que esa información fuera suficiente para mí. Pero yo seguí insistiendo.

—Continúa. Cuéntame más sobre ellos. ¿Qué quieres decir con que tu papá trató de ser un padre maravilloso? —le dije.

—Bueno, mi papá bebía un poco —dijo tímidamente después de una pequeña pausa. ¡Al fin, la punta del iceberg!

—¿Cómo le afectó su alcoholismo? ¿Y cómo te afectó a ti? —le pregunté.

De repente, su sonrisa alegre desapareció por completo. En su lugar había una mirada vacía, ausente. Se esforzó por contestarme.

—Él... se enojaba a veces —dijo finalmente.

—¿Se enojaba? —pregunté.

Al instante, cerró las cortinas de su corazón y defendió a su padre otra vez:

—Sí, pero no podía evitarlo. Él no quería pegarle a mamá. Después de todo, era el alcohol, no él. En realidad, era bueno y tierno cuando no tomaba —dijo, y después de unos segundos continuó apresuradamente—. Julie, todo eso está en el pasado y no quiero hablar más al respecto. Lo perdoné y ya no me afecta más. Hoy mi vida es maravillosa.

Cambié a un tema más agradable y terminamos nuestra conversación. Cuando nos despedimos, María Belén me sonrió, pero yo estaba segura de que no iba a querer tomarse un café conmigo durante mucho tiempo.

Los abusos y el abandono han herido profundamente a muchas mujeres. Los abusos se presentan de varias maneras y en varios niveles de intensidad. Pueden aplastar el espíritu de una joven o ser como las espinas del cactus, pinchándonos una y otra vez cuando nos acercamos demasiado. Aunque las causas del dolor emocional son generalmente evidentes para los observadores externos, muchas mujeres no se dan cuenta de lo heridas que están. Su dolor es más del que quieren enfrentar. Por esta razón, lo minimizan con una explicación breve.

Un diccionario define el dolor como "sufrimiento o padecimiento físico a causa de heridas, enfermedades, etc.; sufrimiento, tormento mental o emocional". La violación, el incesto, el manoseo, la seducción o las burlas verbales son conductas sexualmente abusivas que puede vivir cualquier persona de cualquier edad. Los abusos físicos incluyen golpes, bofeteadas, empujones, pellizcos y cualquier forma de contacto no apropiado, que inflija dolor o amenaza. Los abusos verbales incluyen una gama de mensajes duros e iracundos o que condenan y culpan a otros. Todo esto, en diversas formas y niveles de intensidad, provocan heridas emocionales en las víctimas. El abandono es la ausencia de alguien que debería estar presente para ofrecer cuidado y protección. Sucede cuando un padre o un cónyuge se van, pero también cuando están presentes en cuerpo y ausentes a nivel emocional. Según algunos psicólogos, el abandono es más difícil de tratar porque no hay una cara para recordar, una persona a quien culpar ni una causa aparente que explique el vacío permanente y la confusión.

Puede que nuestros padres, familiares adultos, hermanos, amigos, cónyuges, hijos, empleadores, colegas o desconocidos hayan abusado de nosotras o nos hayan abandonado. El abuso de ancianos, causarles daño o ser negligente en su cuidado, es cada vez más común.

Todas las mujeres sufren dolor, es parte normal e inevitable de vivir en un mundo caído y pecador. Habrá situaciones que nos causen dolor hasta que lleguemos al cielo, donde no habrá más llanto ni quebranto ni dolor. He hablado con mujeres que se sienten confundidas debido a los sucesos devastadores que les han causado dolor como abuso sexual o violencia física, pero dicen con indiferencia: "Solo pasó unas pocas veces. No debería preocuparme tanto".

Sin embargo, ¿cuántos golpes del puño de un hombre se necesitan para fracturar un hueso? No muchos. En realidad, solo uno. A veces, las mujeres lloran cuando se dan cuenta de que su dolor es completamente normal debido al abuso que han soportado, aunque solo haya sucedido una o dos veces. Muchas sufren heridas por parte de otros *y* por ellas mismas: al comienzo y de repente, están desoladas por el abuso sexual o físico; después, una avalancha gradual de pensamientos negativos arrasa con su confianza y arruina su felicidad. Las mujeres cristianas sentimos con frecuencia que debemos ser fuertes y seguras, aunque nuestro corazón sangre por el mal que nos causaron las personas en las que confiábamos. Al entender que no debemos ocultar nuestro dolor, podemos ser libres de la mentira de que somos, de alguna manera, inferiores o incompetentes porque sufrimos. Ningún dolor es tan grande que Jesús no lo pueda sanar; esconderlo o ignorarlo solo desacelera el proceso de sanidad.

Igual que María Belén, muchas mujeres ocultan su dolor profundo y abrumador tras una sonrisa alegre o un optimismo penetrante. Nadie sabe lo que han sufrido y, sin saberlo, cuando cierran la puerta en secreto, le cierran la puerta a la sanidad. A los consejeros les gusta recordarnos que estamos tan enfermos como los secretos que guardamos. Cuando les preguntan a las mujeres qué pasa en realidad, a menudo su mirada cambia drásticamente. Quieren ser libres, pero temen la condenación y el juicio, así que cierran la puerta de sus heridas, ponen una cara feliz y llevan su dolor a la tumba. Solas.

- Hay una agresión sexual en Estados Unidos cada dos minutos.
- El 60% de las agresiones sexuales no son informadas a la policía.[1]
- El 15% de las víctimas de agresión sexual y violación es menor de 12 años.
- El 29% tiene entre 12 y 17 años.
- El 80% tiene menos de 30 años.
- Las mujeres entre 12 y 34 años corren el mayor riesgo de ser víctimas de abuso sexual.

- Las jóvenes entre 16 y 19 años tienen mayores probabilidades de ser víctimas de violación, de un intento de violación o de agresión sexual, cuatro veces más que el resto de la población.
- El 29% de las mujeres que intenta suicidarse fue víctima de violencia física.
- El 37% de las mujeres golpeadas tiene síntomas de depresión; el 46% muestra síntomas de trastornos de ansiedad y el 45% sufre trastorno de estrés postraumático.[2]

Una red complicada de deseo y violación

Una de las lecciones más importantes que los padres pueden enseñarles a sus hijas es que no todos los hombres tienen las mejores intenciones con ellas. A veces, se dispara la testosterona y solo les importa satisfacer sus deseos sexuales desenfrenados. Una de las características de la Biblia, que la diferencia de otros escritos antiguos, es que describe a las personas de manera gráfica y realista. En textos egipcios, hindúes y otros de la Antigüedad, los protagonistas parecen superhéroes de historietas; en cambio, la Biblia los describe con todos sus defectos. El historiador que escribió 1 y 2 Samuel detalla cómo era el legado familiar de David: doloroso y destructivo. El rey cometió un pecado sexual con Betsabé y lo encubrió al asesinar a su esposo Urías. Aunque Dios lo perdonó por su gracia, hubo consecuencias sobre la generación siguiente.

Amnón, el hijo mayor de David y heredero del trono, se obsesionó con su hermosa medio hermana Tamar. De hecho, la deseaba tanto que sufría mal de amores. Le confió sus esperanzas a su amigo Jonadab y juntos idearon una situación para que ella le llevara la cena a su habitación. Jonadab le dijo: "Acuéstate en tu cama, y finge que estás enfermo; y cuando tu padre viniere a visitarte, dile: Te ruego que venga mi hermana Tamar, para que me dé de comer, y prepare delante de mí alguna vianda, para que al verla yo la coma de su mano" (2 S. 13:5).

Como Tamar era buena hermana, con gusto obedeció la petición de su padre. Preparó las tortas con esmero y las llevó a casa de Amnón, pero él se negó a comer. Les ordenó a todos que salieran y luego le dijo a ella: "Trae la comida a la alcoba, para que yo coma de tu mano". Probablemente, ella no sospechaba nada, por eso obedeció con diligencia. Cuando se le acercó para ofrecerle una torta, Amnón la agarró y le insistió: "Ven, hermana mía, acuéstate conmigo".

Tamar se dio cuenta de las implicaciones de su petición y le dijo: "No, hermano mío, no me hagas violencia; porque no se debe hacer así en Israel. No hagas tal vileza. Porque ¿adónde iría yo con mi deshonra? Y aun tú serías estimado como uno de los perversos en Israel. Te ruego pues, ahora, que hables al rey, que él no me negará a ti". Sin embargo, a él no le interesaba la honra de Tamar porque lo consumía el deseo de tener sexo con ella, así que le negó su petición, la dominó y la violó.

El deseo es una deformación trágica del amor. Amnón utilizó y desechó a la mujer que deseaba, en lugar de valorarla. De hecho, el abuso sexual es lo contrario al amor. El autor nos cuenta que después de terminar con Tamar, "la aborreció con tan gran aborrecimiento, que el odio con que la aborreció fue mayor que el amor con que la había amado". Y le dijo: "Levántate y vete".

De modo sorprendente, Tamar conservó la calma y le respondió: "No hay razón; mayor mal es este de arrojarme, que el que me has hecho". Pero Amnón no tenía sentido del bien y del mal, así que llamó a su sirviente para que la echara de la casa y cerrara la puerta. En ese momento, Tamar se dio cuenta del estrago, esparció cenizas sobre su cabeza, rasgó la hermosa túnica que llevaba puesta y salió a buscar a su hermano Absalón en medio de lágrimas. En un resumen triste y trágico, leemos: "Y se quedó Tamar desconsolada en casa de Absalón su hermano" (2 S. 13:20).

Esperaríamos más del rey David, el hombre conforme al corazón de Dios, pero solo estalló de ira, no hizo nada más cuando se enteró de la violación que sucedió en su propia familia. Sin embargo, Absalón no iba a permitir que su hermano se saliera con la suya tan fácilmente. Ideó un plan para asesinar a Amnón, y el ciclo de violencia continuó.

La confianza es frágil. Cuando una persona se gana nuestra confianza por su sinceridad constante y por sus acciones responsables, podemos relajarnos en la relación. Pero cuando la confianza se derrumba por golpes fuertes que nos desgarran, dejamos de confiar e insistimos en que debe ganarse la confianza de nuevo. Sin embargo, algunas seguimos confiando en quienes han demostrado que no son de fiar por su conducta. Y, en cambio, algunas estamos tan heridas que no podemos confiar ni siquiera en aquellos que han probado ser sinceros y confiables en muchas ocasiones.

Los casos de abuso o de abandono son rara vez aislados, especialmente en las familias. Con frecuencia, encontramos una compleja red de engaño, deseo, enojo, egoísmo y patrones previos de pecado que forman un trasfondo desolador de un acontecimiento, y esta red impide que haya una resolución saludable. Algunas de las mujeres más valientes que conozco son las que se han enfrentado a esos demonios (los momentos devastadores, la complicada red del pecado y los patrones distorsionados de la decepción) en sus vidas y en sus familias.

Una nueva perspectiva

Las personas que han sufrido heridas profundas tiene metas en la vida: protegerse de heridas adicionales y un sentido de propósito. Con este fin, suelen usar ocultar su dolor e interpretan un papel para o Las máscaras y los papeles varían según distintas personalidades y circunsta dor sobre el abuso sexual *Coraz* Dan Allender describe tres de enfrentar la vida des pueden aplicar a c

Chicas buenas. Como María Belén en la historia inicial de este capítulo, algunas mujeres concluyen que la manera de hacer funcionar la vida es estar siempre felices. Suponen que si nunca dicen nada crítico, nadie se puede molestar con ellas. Se esfuerzan mucho por ganar aceptación y ayudan a todos los que conocen. La dulzura es una defensa contra las amenazas potenciales de conflicto. Sin embargo, estos planes les impiden tratar el dolor profundo de sus vidas y las mantienen encerradas en un patrón de negación, relaciones superficiales y optimismo ciego.

Chicas duras. Algunas mujeres responden de la forma contraria. Miran a sus abusadores a la cara (de forma literal o metafórica) y les dicen con determinación implacable: "¡Nunca dejaré que me suceda otra vez!". La expresión de sus caras es severa, parecen tener el control completo, pero se sienten terriblemente amenazadas por quienes las desafían. Están decididas a ganar a toda costa en el trabajo, en el hogar, en la iglesia y dondequiera que estén. Su capacidad y seguridad impresionan a la mayoría y, con frecuencia, obtienen lo que quieren. Sin embargo, su enojo y su actitud defensiva mantienen a muchos a distancia, justo donde ellas quieren.

Chicas divertidas. Algunas no tienen la confianza de la chica dura ni pueden ser agradables todo el día como la buena. Como han tenido tanto dolor, deciden llenar sus vidas con toda la patrones de vida tienen un efecto grave porque no dan lo que más queremos: amor verdadero y propósito. Los papeles solo son falsificaciones de lo verdadero. He conocido a "chicas buenas" que han caído en la depresión; "chicas duras" que rechazaron a todos los que se preocuparon por ellas y, entonces, se quedaron trágicamente solas; y "chicas divertidas" que se volvieron adictas y lo perdieron todo.

La chica buena, la dura y la divertida intentan hacer lo mismo: hacer que el dolor desaparezca. Sin embargo, ignorar que están rotas no produce mejoría. Supón que te fracturas un hueso, pero pretendes que todo marcha bien, ¡el resultado será desastroso! El dolor oculto puede ser más destructivo que el trauma inicial:

> La respuesta común a las atrocidades es desterrarlas de la conciencia… ciertas violaciones del pacto social son demasiado terribles para pronunciarlas en voz alta: este es el significado de la palabra "indescriptible"… Sin embargo, las atrocidades rehúsan ser enterradas… Recordar y decir la verdad sobre hechos terribles son prerrequisitos para la restauración del orden social y para la sanidad de las víctimas individuales… Cuando al fin se reconoce la verdad, los sobrevivientes pueden empezar su recuperación. Pero muchas veces, el secreto prevalece y la historia de hechos traumáticos llega a la superficie, no como una narración verbal, sino como un síntoma.[3]

Atravesar la fachada y abrir la puerta a la sanidad de Dios es muy difícil, pero muchas mujeres lo han hecho. Puede que hayan empezado el proceso de sanidad por razones muy diferentes (para no perder el matrimonio o los hijos, evitar el suicidio o dejar de herir a los demás, entre otras) pero en cada caso, hay un común denominador: la desesperación. Se han esforzado por mantener sus máscaras, pero éstas ya no esconden la verdad. Han interpretado sus papeles lo mejor posible y durante el tiempo que han podido, pero han llegado al límite. Ahora se enfrentan a la dura y fría realidad de que sus vidas van en picada y claman pidiendo ayuda. Ese es el punto de partida en el que Dios puede intervenir y empezar a sanar sus heridas, enseñarles lo que realmente significa el amor y volver a unir las piezas rotas de sus vidas (o unirlas por primera vez). ¿Es posible? Oh, sí. Lo he visto muchas, muchas veces.

Las mujeres abusadas o abandonadas (chicas buenas, duras y divertidas) tienen su propia expresión en los ojos para interpretar sus papeles, pero se quedan paralizadas ante el impacto de la realidad cuando comienza el proceso de sanidad. Entonces, tienen la mirada vacía durante un tiempo. Con el valor y el apoyo de una o dos amigas, su mirada vacía cambiará y empezará a transmitir paz, esperanza y amor. Es hermoso verlo.

Un paso adelante

Nuestra visión de Dios cambia al experimentar sanidad. Muchas víctimas han sido heridas por personas que tenían autoridad sobre ellas y, por lo tanto, han asumido que Dios, la autoridad suprema, es tan poco confiable como sus agresores. Sin embargo, la Palabra de Dios dice claramente que Él no es como los abusadores y no abandona a sus hijos. Uno de mis pasajes preferidos dice que el Señor sana a los quebrantados, su contexto es importante:

> Jehová edifica a Jerusalén; a los desterrados de Israel recogerá. Él sana a los quebrantados de corazón, y venda sus heridas. Él cuenta el número de las estrellas; a todas ellas llama por sus nombres. Grande es el Señor nuestro, y de mucho poder; y su entendimiento es infinito (Sal. 147:2-5).

Dios puede sanar corazones rotos porque nos ama mucho, entiende cada parte de nuestro dolor y del proceso de recuperación, tiene el poder de llegar a nuestras heridas más profundas, y puede traer paz y consuelo. Además, es un constructor. Puede que sus procesos sean más lentos de lo que nos gustaría, pero podemos confiar en que nos acompañará en cada paso del camino. El Señor termina lo que empieza.

Otra imagen hermosa del cuidado de Dios hacia las personas heridas está en la descripción que hace Isaías del Mesías, quien sabemos que es Jesús.

No quebrará la caña cascada, ni apagará el pábilo que humeare; por medio de la verdad traerá justicia. No se cansará ni desmayará, hasta que establezca en la tierra justicia; y las costas esperarán su ley (Is. 42:3-4).

He hablado con muchas mujeres que culpaban a Dios porque permitió que fueran abusadas o porque no hizo que desapareciera su dolor, pero Él no es el culpable. Llora con sus hijas preciosas en medio del sufrimiento. Se enoja cuando sufrimos las consecuencias del mal. Es completamente atento y bondadoso; no quebrará la caña cascada ni apagará el destello de esperanza en nuestros corazones. Nada le impide amarnos. El Señor quiere traer paz a la tierra. Es un proceso que toma tiempo, e incluye consolar a los heridos y juzgar a quienes los han sido herido.

Podemos confiar en el corazón de Dios y en sus acciones, aunque sus propósitos no se cumplan tan rápido como quisiéramos. Debemos recordar que Él es el Señor, no nosotras, y que obra en su tiempo, no en el nuestro. Podemos confiar en que cumplirá todo lo que dijo que va a hacer. Nuestro trabajo es tener un buen concepto de Él y dejar que su voluntad se haga en nosotras, en nuestras circunstancias y en quienes nos han herido.

Algunos maestros y autores prometen sanidad rápida y completa de todas las heridas pero, por lo general, Dios no trabaja así. La sanidad emocional se parece mucho al proceso largo y lento de sanar un hueso fracturado. ¡Algunas tenemos fracturas múltiples abiertas! Sanar una fractura implica atención de emergencia, reparación del hueso mediante cirugía y meses de rehabilitación. Del mismo modo, las personas que están profundamente heridas necesitan atención psicológica y espiritual de emergencia, ayuda profesional para separar las máscaras y los roles de la verdad, y tiempo para hacer el duelo y adquirir nuevas habilidades para entablar relaciones saludables. Sin embargo, no se puede iniciar el proceso si estamos tendidas al lado del camino, lastimadas y sangrando. Necesitamos pedir ayuda y después, cooperar con los paramédicos para iniciar el proceso de sanidad.

Al leer este capítulo, ¿en quién pensaste: en una amiga o en un miembro de la familia que usa una máscara o que juega roles, en lugar de experimentar el toque sanador de Dios? O, ¿te viste a ti misma tratando de ocultar tu dolor tras una sonrisa? Quizás sufras a causa del abuso sexual o emocional. Tal vez tu esposo te abandonó. Puede que tu situación sea muy diferente, pero no es menos grave. Quizás has sufrido por la muerte de una amiga muy querida, de uno de tus padres o incluso de tu hijo. Una de mis canciones preferidas, *Held* [Sostenida] de Natalie Grant, trata sobre una mujer que se despertó una mañana y encontró muerto en su cuna a su bebé de ocho meses. Por supuesto, estaba desolada, pero le entregó su quebranto y su dolor a Dios, en lugar de amargarse. Dice: "Mi fe no puede protegerme del dolor, pero me da sanidad... Él no prometió que todo sería fácil, sino que cuando todo fallara, nos sostendría con sus brazos seguros y cariñosos".[4] Sin importar la profundidad del dolor que has sufrido, Dios quiere recoger las piezas rotas de tu corazón y sanar tu herida.

La sanidad empieza cuando eres sincera con tu Padre celestial, no cuando finges, ante Él y ante los demás, que estás bien. Ocultamos mucho tras nuestras sonrisas, pero no debemos hacerlo. Si tienes una amiga que ha sido herida, reconoce que solo puedes ofrecer ayuda. No puedes hacer que alguien actúe con valentía, pero a lo mejor esa persona confía en ti lo suficiente como para seguir tu consejo.

Y si necesitas ayuda, llama a alguien hoy. No esperes más para exponerle tus heridas ocultas por tanto tiempo a alguien que pueda traer sanidad, perdón, esperanza y amor de Dios a tu vida. Dios está allí, justo en medio de tu dolor y puede usar a un miembro de su cuerpo, la Iglesia, para ayudarte a recuperar de tu quebranto. Atrévete a quitarte la máscara hoy. Deja de interpretar tu papel. Exponle tu dolor a alguien en quien confíes. Seguramente dolerá, pero la sanidad valdrá la pena.

Sana tu herida

1. ¿Qué significa para ti "utilizar una máscara"? ¿Qué dice la máscara acerca de lo que puede estar pasando en la mente y en el corazón de una persona?

2. ¿De qué manera tratan de minimizar las mujeres el daño que les causó el abuso o el abandono? ¿Cómo excusan a quienes las lastimaron?

3. Lee la historia de Amnón y Tamar en 2 Samuel 13. ¿Merecía ella lo que le sucedió? ¿Por qué sí, o por qué no? ¿Las víctimas de abuso merecen lo que les sucede? Explica tu respuesta.

4. Describe el comportamiento, las motivaciones y la expresión en los ojos de la chica buena, de la chica dura y de la chica divertida.

5. Lee el Salmo 147:2-5. ¿Por qué es tan importante reflexionar sobre el carácter de Dios al tener en cuenta su deseo de sanar a los quebrantados de corazón?

6. Lee Isaías 42:3-4. ¿A quién conoces que necesita el toque sanador de Dios? ¿Cómo se ven sus ojos?

7. Compara y contrasta la sanidad del abuso con la curación de una fractura múltiple.

Pasajes bíblicos sobre el dolor profundo

"Él sana a los quebrantados de corazón, y venda sus heridas" (Sal. 147:3).

"Pero los que esperan a Jehová tendrán nuevas fuerzas; levantarán alas como las águilas; correrán, y no se cansarán; caminarán, y no se fatigarán" (Is. 40:31).

"No temas, porque yo estoy contigo; no desmayes, porque yo soy tu Dios que te esfuerzo; siempre te ayudaré, siempre te sustentaré con la diestra de mi justicia" (Is. 41:10).

"Cuando pases por las aguas, yo estaré contigo; y si por los ríos, no te anegarán. Cuando pases por el fuego, no te quemarás, ni la llama arderá en ti" (Is. 43:2).

"Ciertamente volverán los redimidos de Jehová; volverán a Sion cantando, y gozo perpetuo habrá sobre sus cabezas; tendrán gozo y alegría, y el dolor y el gemido huirán" (Is. 51:11).

"Bendito sea el Dios y Padre de nuestro Señor Jesucristo, Padre de misericordias y Dios de toda consolación, el cual nos consuela en todas nuestras tribulaciones, para que podamos también nosotros consolar a los que están en cualquier tribulación, por medio de la consolación con que nosotros somos consolados por Dios" (2 Co. 1:3-4).

"Por lo cual asimismo padezco esto; pero no me avergüenzo, porque yo sé a quién he creído, y estoy seguro que es poderoso para guardar mi depósito para aquel día" (1 Ti. 1:12).

¿Los puntos ciegos: Cuando tus ojos están cerrados

La manera más fácil de ser engañado es
creerse más listo que los demás.

FRANÇOIS DE LA ROCHEFOUCAULD

A medida que envejecemos (o debería decir, que madura-
mos), nuestra visión sufre de forma gradual e inevitable:
ceguera nocturna, cataratas, degeneración macular... Nuestros
ojos se cansan y nos vemos obligadas a aceptar la moda de los
anteojos bifocales (aunque a veces, todavía entrecierro los ojos
para leer el menú o el precio en una etiqueta).

Mis puntos ciegos me recuerdan a una de las mentoras más
dulces y fuertes a nivel espiritual con las que Dios me ha bendecido: la mamá de Tim. Un día, mientras él llenaba el auto
con gasolina, el empleado de la estación le preguntó vacilante:

—Entonces, ¿qué le sucede a tu mamá, Tim? ¿Se encuentra
bien?

Un poco confundido, Tim respondió:

—¿Qué quieres decir?

—Bueno, las personas están preocupadas por ella. Maneja a
30 km/h y, con frecuencia, gira abruptamente. La situación se
está volviendo peligrosa.

Perplejo y preocupado, Tim le preguntó a su mamá y descubrió que su visión empeoraba porque la diabetes le estaba
robando la vista.

Con el tiempo, los ojos de mi suegra siguieron degenerán-
dose. Pronto, no pudo conducir. Recuerdo cuando llevamos a
nuestro hijo recién nacido Zach a la casa de los padres de Tim

por primera vez. Mi suegra inclinó su cabeza, entrecerró los ojos y palpó los contornos de su pequeña nariz y de su frente con sus manos curtidas. Nos dijo: "Es como mirar a través de agua turbia, pero se parece a mi Tim. Sí, se parece a mi Tim". A pesar del horrible proceso de la degeneración de su vista, tenía la habilidad maravillosa de ver y de sentir a su manera.

¿Has conocido a personas que son todo lo opuesto: escuchan lo que tenías que decir pero no entienden?

Totalmente despistadas

En mis conversaciones con mujeres de todo el país, he visto el viejo refrán demostrado cierto una y otra vez: La gente tiene una capacidad casi ilimitada para el autoengaño. Algunos podemos ver muy bien, pero *nos mentimos a nosotros mismos*, ¡mucha veces! ¿Suena duro? Es cierto. Con frecuencia, cuando estamos en medio del dolor, tratar de encontrar sentido a la vida es como mirar a través de agua turbia.

Me encontré hace poco con Susana, una madre joven de tres niños, que parecía cansada y afligida. Cuando me llamó para invitarme a almorzar, me dijo en confianza que quería hablarme sobre algo que andaba mal en su matrimonio.

—Susana, cuéntame qué te sucede —le dije, después de saludarla.

Sus ojos se llenaron de lágrimas mientras me contaba en detalle la historia de su relación con Felipe. Me dijo que él abusaba de medicamentos recetados y del alcohol desde que se casaron. Ahora, con tres hijos pequeños y un esposo fuera de control, el estrés de la vida amenazaba con aplastarla. Después, me contó varias historias sobre su esposo que incluían: destruir el auto, desmayarse mientras cuidaba a los niños, caerse por las escaleras, olvidarse de pagar las cuentas y mentir.

—¿Cómo has tratado de manejar el problema? ¿Has hablado con él acerca del daño que te está haciendo a ti y a los niños? —le pregunté.

Sus ojos se llenaron de lágrimas y me respondió:

—Oh, no hasta hace poco. Él sólo necesita saber que lo aman. Si estuviera convencido, estoy segura de que cambiaría. Ha tenido una vida muy horrible, así que solo he tratado de ser cariñosa y compasiva en medio de todo esto.

¡Vivía con un alcohólico y drogadicto desde hace 15 años sin tratar de resolver el problema con valentía! Luego me dijo:

—Mi padre era alcohólico y juré que nunca me casaría con alguien que tomara o se drogara —se detuvo por un momento, se secó las lágrimas y continuó—: Julie, no sé qué hacer. Me estoy volviendo loca. Odio mi vida. ¡Ayúdame!

Traté de conservar un tono de voz mesurado, pero no creo haberlo logrado cuando le di mi mejor consejo:

—Susana, he visto a muchas mujeres en situaciones como la tuya que encuentran esperanza y ayuda. Han estado atadas a una relación con un adicto, pero ahora disfrutan de la vida más de lo que imaginaron.

—Eso es alentador —sonrió—, pero preferiría que no usaras la palabra "adicto" para referirte a Felipe.

En vez de responder a eso, continué:

—Pero esas mujeres valientes decidieron que basarían su vida en la verdad, no en lo que querían creer o en lo que deseaban que fuera verdad, sino en los hechos reales de su vida. Si no hubieran sido fieles a la verdad, no habrían tenido posibilidades de seguir adelante.

Ese comentario pareció sorprenderle, pero continué:

—Susana, la necesidad más grande de tu esposo no es recibir ternura y amor, sino ser un hombre, ser responsable de sus acciones y protegerte, y sostenerte a ti y a tus hijos. Nada más ni nada menos.

Parecía sorprendida de que yo no creyera que él solo necesitaba saber que era amado. Le había dicho cosas duras, pero no había terminado. Le expliqué:

—Y tú necesitas empezar a cuidar de ti, a poner límites, a edificar tu mente y tu corazón con la verdad, y a experimentar la sanidad de Dios, tanto si Felipe cambia como si no.

En todo su matrimonio, Susana había evitado hablar de la adicción de Felipe (y sí, era un adicto). Había estado engañada acerca de quién era él antes de casarse y sobre la forma de manejar la situación como una mujer cristiana. Pensaba que ser sumisa significaba no decir nada que pudiera molestarlo. Nuestra primera conversación no era el momento ni estábamos en el lugar para explicarle todos los detalles de su potencial recuperación. Probablemente, asimiló solo un poco de lo que dije, pero eso no importaba. Apenas empezaba a descubrir la verdad. Le sugerí que viera a un consejero profesional y que participara en un grupo de apoyo.

—Si haces esas cosas, poco a poco tendrás entendimiento —le aseguré.

Puede que leas la historia de Susana y pienses: *¿Cómo pudo estar tan ciega? Mujer, ¡debes confrontar a ese hombre!* O puede que pienses: *Julie, ¡fuiste muy dura con ella! ¿No ves que solo trata de amar a Felipe?* En cierta medida, todas tenemos puntos ciegos. Es parte de la naturaleza humana. Sin embargo, debemos buscar sabiduría, entendimiento y comprensión con todas nuestras fuerzas porque nos guiarán al crecimiento en todo aspecto de nuestro desarrollo.

Puede resultar turbio, poco conveniente y amenazante renunciar a nuestra realidad falsa y decidir ver las cosas como realmente son. La mayoría nos acostumbramos a la forma en que funcionan las cosas y, en cierta medida, hemos descubierto cómo hacer que funcionen en nuestras vidas. Si vivimos en medio del caos, éste llega a ser habitual y predecible. En ocasiones, tenemos indicios de que quizás no vemos todo el panorama, pero decidimos volver a la seguridad de lo conocido cuanto antes porque el cambio puede ser perturbador. Es más cómodo culpar a otros por nuestros problemas que reconocer que somos responsables de nuestras vidas.

En el prólogo de Proverbios, Salomón escribe: "El principio de la sabiduría es el temor de Jehová; los insensatos desprecian la sabiduría y la enseñanza" (Pr. 1:7). *¿Desprecian?* Podemos interpretar esta palabra clave de varias formas. Por lo general, pensamos que despreciar a alguien o algo implica estar muy enojado, pero puede que solo implique preferir una cosa por encima de otra. Puede que los insensatos rechacen y detesten la sabiduría de Dios o, simplemente, vean otras opciones y elijan las más ridículas, en vez de seguir el camino del Señor para ellos. ¿Por qué lo harían? ¡Porque los engaños son muy atractivos! Queremos creer las mentiras porque prometen hacernos felices, exitosas y populares.

Puede que seamos ingenuas en cuanto a nuestras amigas o jefes, y pensemos que se preocupan por nosotras, cuando en realidad dicen cosas lindas para manipularnos y obtener su beneficio personal. O, por otro lado, puede que nos apartemos tontamente de personas sinceras y cariñosas porque nos negamos a correr el más mínimo riesgo en las relaciones.

Puede que seamos insensatas en nuestra forma de relacionarnos con los hombres porque deseamos desesperadamente que sean dignos de nuestra confianza, aunque hayan demostrado que no lo son.

Puede que seamos poco objetivas sobre nosotras mismas al pensar que somos indestructibles por ser jóvenes, e imprescindibles por ser mayores. O puede que estemos tan deprimidas que olvidemos que Dios nos ama mucho y que nos ha preparado para influir en este mundo de manera positiva.

Puede que tengamos puntos ciegos respecto a Dios cuando pensamos que es como nuestro padre, el cual nos hirió terriblemente cuando éramos jóvenes, o que debería ser como Papá Noel y satisfacer todos nuestros caprichos.

En nuestra cultura, debemos pelear como locas para no dejarnos engañar respecto a lo que verdaderamente importa en la vida. Todo lo que nos rodea indica que la belleza, el dinero y el prestigio son lo importante, pero Jesús tenía un mensaje muy diferente. Reflexiona sobre los programas de televisión y las películas más populares. En muchos casos, los escritores y los actores hacen que los pecados de adulterio, asesinato y ambición cruda parezcan muy deseables. Muchas miramos y no lo pensamos dos veces. Absorbemos el mensaje de forma inconsciente sin considerar el valor, la importancia o la ética de las historias. Las palabras de Salomón sobre su cultura podrían aplicarse a la nuestra con facilidad: "El hacer maldad es como una diversión al insensato; mas la sabiduría recrea al hombre de entendimiento" (Pr. 10:23).

Seguimos viviendo según nuestras percepciones por la simple razón de que nos parecen perfectamente lógicas. Por naturaleza, vemos cosas y aceptamos suposiciones e interpretaciones que refuerzan nuestra visión particular de la vida. Por eso, nuestros puntos ciegos tienden a volverse más grandes con el paso del tiempo, hasta que algo sucede (que sacude nuestro mundo) y nos obliga a sentarnos y a ver la vida desde un punto de vista diferente. A veces, la verdad es perturbadora porque minimiza la visión poco realista que creamos del mundo. Lo que sentimos parece muy correcto y, en cambio, las interpretaciones de los demás parecen muy equivocadas. Pero recuerden, mujeres, somos humanas y tendemos a desarrollar puntos ciegos.

> Lo que ves y oyes depende en gran medida del lugar donde estás parado. También depende de la clase de persona que eres.
>
> C. S. LEWIS

Nuestra hermana Eva

Cualquiera pudo cometer el primer pecado. De hecho, ¡representa lo que nos sucede a todos! Se parece a cada pecado que se ha cometido desde entonces: una oreja dispuesta escuchó una voz engañosa y tomó medidas que llevaron a la tragedia.

Hablando de buena vida… Adán y Eva lo tenían todo: un clima grandioso, buena comida y total libertad. No tenían ninguna preocupación, ¿quién podría pedir más? No sentían culpa ni dudaban de sus decisiones. Disfrutaban de vivir en la presencia de Dios y de cumplir su plan. Dios les dio todo lo necesario para vivir con alegría, acción y satisfacción… incluyendo una sola restricción: "Y mandó Jehová Dios al hombre, diciendo: De todo árbol del huerto podrás comer; mas del árbol de la ciencia del bien y del mal no comerás; porque el día que de él comieres, ciertamente morirás" (Gn. 2:16-17).

Sin embargo, otra voz le habló a Eva al oído. La serpiente cuestionó la orden del Señor al preguntarle: "¿Así que Dios les ha dicho a ustedes que no coman de ningún árbol del huerto?" (Gn. 3:1, RVC).

Dicho sea a su favor, la mujer corrigió a la serpiente, pero le agregó un poco más a la orden que Él les había dado. Le dijo a la serpiente que Dios les había prohibido tocar el árbol, pero Él no dijo eso. No sé si su declaración errónea fue solo el primer paso del alejamiento de la sabiduría, pero la serpiente intervino de inmediato: "No morirán. Dios bien sabe que el día que ustedes coman de él, se les abrirán los ojos, y serán como Dios, conocedores del bien y del mal" (vv. 4-5, RVC).

El resto, como dicen, es historia. Eva confió en el mentiroso, miró el fruto del árbol y creyó que sería tan sabia como Dios, si se lo comía. ¿Qué quiere decir eso? Quizás su tentación fue como las que enfrentamos todos los días: manejar nuestras vidas, ser superiores en nuestros mundos y ser libre de cualquier restricción o exigencia. Suena bien, ¿verdad? Ciertamente le sonó bien a Eva, por lo que cedió y se comió el fruto. Desde entonces, hemos sufrido consecuencias devastadoras. Con frecuencia, Tim me recuerda a modo de chiste: "Eva comió primero", pero admitámoslo: Adán sabía exactamente lo que hacía cuando pecó (sólo quería dejar eso bien claro).

Si nuestra hermana Eva tuvo un gran punto ciego y creyó una mentira en un ambiente perfecto, donde todas sus necesidades estaban satisfechas, ¿qué posibilidad tenemos de caminar perfectamente en la verdad? Sin duda, Satanás nos susurra fuerte y claro al oído, así como a Eva. Sin embargo, hoy utiliza voces de amigas, colegas, miembros de la familia, medios de comunicación y nuestros deseos distorsionados para prometernos un gozo que no puede dar.

Podemos reducir nuestros puntos ciegos si le prestamos atención a la verdad de la Palabra de Dios, seguimos lo que dicta su Espíritu y pasamos tiempo con cristianas maduras que nos den ejemplo de una vida de verdad y fe. Desearía que pudiéramos descargar e instalar el software de la percepción de forma instantánea, pero la vida no funciona así. Adquirir la perspectiva de Dios es un proceso largo y, a veces, difícil, pero podemos avanzar de forma sorprendente si seguimos el camino, nos sumergimos en las Escrituras, nos fortalecemos en el Espíritu y nos relacionamos con compañeros peregrinos.

> El verdadero viaje de descubrimiento no consiste en buscar nuevos caminos, sino en tener nuevos ojos.
>
> MARCEL PROUST

Una nueva perspectiva

¿Cuán importante es la verdad objetiva en nuestras vidas? Más de 75 veces en los Evangelios, los escritores citaron a Jesús diciendo: "De cierto les digo". Cuando estuvo ante Pilato antes de morir, le dijo que había venido "para dar testimonio a la verdad". Siempre que hablaba con prostitutas o gobernadores, con ricos o pobres, con poderosos o débiles, decía la verdad. A veces, se refería a la increíble generosidad y a la gracia de Dios; otras, lastimaba como un cuchillo. Les dijo a los líderes religiosos incrédulos de su época que eran una generación de víboras y unos sepulcros blanqueados porque parecían hermosos por fuera, pero estaban podridos por dentro. Él hablaba sin rodeos y actuaba de manera adecuada en cada situación. Le dijo a la mujer que sorprendieron en adulterio: "Ni yo te condeno; vete, y no peques más"; en cambio, les respondió a los fariseos que se resistían a su mensaje de gracia:

Si su padre fuera Dios, ciertamente me amarían; porque yo he salido y he venido de Dios. No he venido por mi propia cuenta, sino que él me envió. ¿Por qué no entienden mi lenguaje? Pues porque no pueden escuchar mi palabra. Ustedes son de su padre el diablo, y quieren cumplir con los deseos de su padre, quien desde el principio ha sido un homicida. No se mantiene en la verdad, porque no hay verdad en él. Cuando habla mentira, habla de lo que le es propio; porque es mentiroso y padre de la mentira. Pero a mí, que digo la verdad, no me creen. ¿Quién de ustedes puede acusarme de haber pecado? Y si digo la verdad, ¿por qué no me creen? El que es de Dios, escucha las palabras de Dios; pero ustedes no las escuchan, porque no son de Dios (Jn. 8:42-47, RVC).

Si nuestra versión de la verdad no incluye gracia y justicia, es inapropiada, suavizada e ineficaz para tratar la amplia variedad de problemas y oportunidades que enfrentamos. En la historia al principio de este capítulo, la versión de la verdad de Susana estaba llena de calidez hacia su esposo, pero no incluía una petición para que él fuera más responsable de su comportamiento.

Una de las características de la fe madura es la capacidad de reconocer las mentiras satánicas y los engaños culturales. El proceso de crecimiento espiritual implica identificar y rechazar la falsedad para reemplazarla por la verdad. Pablo se esforzaba por señalar en sus cartas pensamientos incorrectos, esperanzas falsas y toda clase de mentiras. Lee este pasaje dirigido a los creyentes de Colosas:

Por eso, de la manera que recibieron a Cristo Jesús como Señor, vivan ahora en él, arraigados y edificados en él, confirmados en la fe como se les enseñó, y llenos de gratitud. Cuídense de que nadie los cautive con la vana y engañosa filosofía que sigue tradiciones humanas, la que va de acuerdo con los principios de este mundo y no conforme a Cristo (Col. 2:6-8, NVI).

¿Cautivos? ¿Es una imagen precisa de quienes creen los engaños? Yo creo que sí. Todo se cubre de mentiras cuando tratamos de salir adelante a cualquier precio, de menospreciar a otros para ascender y de escapar de la dura realidad, en lugar de confiar en que Dios nos guía. Los falsos conceptos consumen nuestros pensamientos, dominan nuestros sentimientos y establecen nuestro comportamiento.

Anhelamos una vida fácil. Quizás hemos caminado un sendero largo y difícil, y solo queremos alivio; quizás crecimos como el centro del mundo de nuestros padres y esperamos seguir siendo el centro del mundo de alguien por el resto de la vida; o puede que hayamos escuchado a maestros decir que Dios quiere que disfrutemos de una vida próspera y sin esfuerzo. Sin duda, el Señor nos alivia el sufrimiento con frecuencia, nos da el amor de familiares y amigos, y cierta prosperidad. Sin embargo, son regalos, no derechos que podemos reclamar.

Cuando le preguntaron a Jesús cuál era el mandamiento más importante de las Escrituras, respondió que era amar a Dios con todo nuestro corazón, alma y mente, y amar a nuestro prójimo como a nosotros mismos. Como creyentes, nuestro propósito apasionado en la vida es conocer, amar y honrar a Dios; después, amar a otros. Todas las bendiciones que Él nos da son secundarias y pasajeras. A veces, las disfrutamos; otras veces, no. Pero la gracia, la paz, la presencia y el poder de Dios pueden ser nuestros todo el día, cada día.

Desde luego, no estoy diciendo que las penas no importan ni que los momentos difíciles no cuenten. Sin embargo, Dios quiere utilizarlos para llamar nuestra atención y enseñarnos más sobre Él, sobre nosotras y sobre su propósito para nuestras vidas. Cuando entendemos esta sencilla verdad, se reducen gran parte de nuestros puntos ciegos y aprendemos qué significa perder nuestras vidas por su causa.

La verdad es universal;
la percepción de la verdad, no.

ANÓNIMO

Un paso adelante

Todas tenemos puntos ciegos, pero no debemos permitir que sigan arruinando nuestro entendimiento. Adquirimos entendimiento a través de tres maneras diferentes: leemos la Biblia y obtenemos su perspectiva; observamos a las personas y vemos los beneficios de las buenas decisiones y las consecuencias de las malas; y aprendemos de nuestros propios errores y asumimos las consecuencias de nuestra ceguera. Prefiero aprender de los errores de otros que de los míos. Es más, prefiero aprender de Dios mismo.

El punto ciego de Eva la hizo dudar del diseño perfecto del Señor para su vida, por lo que pensó que podría manejar su vida mejor que Él. Me temo que, a veces, tengo el mismo pensamiento y siempre me mete en problemas. A medida que Dios abre nuestros ojos poco a poco, lo vemos como es en verdad: en toda su ternura y majestuosidad imponente y, entonces, aprendemos a confiar más en Él. Cuando nos sintamos tentadas a dudar de su plan, debemos recordar su carácter y confiar en que nos guiará por sus sendas y a su tiempo oportuno. Cuando la culpa o la amargura enturbian nuestro corazón por la forma en que tratamos a otros o por la forma en que nos han tratado, recordemos que la muerte de Cristo en la cruz pagó todos los pecados: los de los demás y los nuestros. Cuando nos sintamos confundidas por alguien o por una decisión que debemos enfrentar, es necesario recordar que Dios es la fuente del entendimiento y que podemos confiar en Él.

El entendimiento lo cambia todo. Necesitamos ver con urgencia el propósito de Dios en cada circunstancia de nuestras vidas. En el libro *Al encuentro del Dios invisible: ¿Qué podemos esperar descubrir?* Philip Yancey dice: "San Gregorio de Nisa dijo una vez que la fe de San Basilio era 'ambidiestra' porque acogía placeres con la mano derecha y aflicciones con la izquierda, convencido de que ambos servirían al propósito de Dios para él".[1] Cuando tenemos más entendimiento sobre el carácter de Dios, desarrollamos una "fe ambidiestra": confiamos en Él en los momentos buenos y malos, y sabemos que nos enseñará lecciones valiosas y que nos moldeará a la imagen de Cristo.

Mi mundo se conmocionó cuando mi padre falleció a los 61 años. Yo era la niña de sus ojos, así que nada tenía sentido. Mis hijos ni siquiera iban a conocer al hombre a quien llamaba "papi" con afecto. Aunque sin duda, sabía que se regocijaba en el cielo, su muerte me sacudió hasta el alma. Algunos días, lo extrañaba tanto que ni siquiera quería levantarme de la cama; pero ahora que lo pienso, Dios utilizó esa pérdida para que mi fe fuera más ambidiestra.

Los puntos ciegos existen y el desánimo vendrá. Lo importante es seguir fijando nuestros ojos en Jesús, quien conoce nuestra debilidad y sabe con exactitud qué necesita nuestra alma cansada ¡antes de pedírselo! Los puntos ciegos pueden volvernos ingenuas o insensatas en nuestras relaciones, carreras, hábitos, etc. Sin embargo, la idea más importante es que Jesús merece hasta la última gota de nuestra devoción.

Pablo utilizó la vida de Eva como una advertencia para no descarriarnos: "Pero me temo que, así como la serpiente engañó a Eva con su astucia, así también los sentidos de ustedes sean de alguna manera apartados de la sincera fidelidad a Cristo" (2 Co. 11:3, RVC). Todos los días, escuchamos muchos mensajes que amenazan con llevarnos por el mal camino, engañarnos y distraernos de nuestro enfoque en Cristo. Sin embargo, nuestra meta no es la felicidad, la riqueza, la salud ni la popularidad. Puede que Dios nos dé esos regalos para disfrutarlos, pero conocer, amar, obedecer y honrar a Jesucristo es nuestro propósito más importante y puro. Esta es la perspectiva que Dios quiere que tengamos. En el próximo capítulo, exploraremos en profundidad qué significa vivir con la visión clara de la fe.

¿Recordaste la cara de una amiga o de un miembro de tu familia mientras leías este capítulo? O, ¿te has estado mirando al espejo? No te preocupes por tus puntos ciegos, todas los tenemos. ¡Da gracias al Señor por permitirte ver la realidad! Deja que el Espíritu de Dios, su Palabra y quizás una amiga sincera te digan la verdad para tu vida, y después responde de la manera que el Señor te guíe. El mundo entero se abre ante ti cuando puedes ver con claridad.

Sana tu herida

1. ¿Cómo defines o describes los puntos ciegos en las vidas de las personas? ¿Cómo se originaron? ¿Por qué los tenemos todavía si leemos la Biblia, oramos pidiendo sabiduría y hablamos con otros creyentes?

2. ¿Qué diferencias hay entre las personas ingenuas y las insensatas? ¿Cómo podría responder cada una a la verdad?

3. Lee Génesis 2:15—3:7. Anota la secuencia de sucesos que llevaron a Eva a tomar su decisión pecaminosa. Hoy, ¿qué significa para nosotras ser como Dios?

4. Lee Colosenses 2:6-8. ¿De qué maneras el engaño cautiva a las personas?

5. ¿Qué significa la frase *fe ambidiestra* para ti?

6. Al leer este capítulo, ¿adquiriste una perspectiva nueva sobre tus relaciones importantes, tu visión sobre Dios, tu propósito o cualquier cosa que pueda ayudarte a superar un punto ciego? Si es así, ¿cuál es el siguiente paso que puedes dar para beneficiarte de esta nueva perspectiva?

Pasajes bíblicos sobre los puntos ciegos

"Y ustedes no han recibido un espíritu que los esclavice al miedo. En cambio, recibieron el Espíritu de Dios cuando él los adoptó como sus propios hijos. Ahora lo llamamos 'Abba, Padre'" (Ro. 8:15, NTV).

"Envía tu luz y tu verdad; éstas me guiarán; me conducirán a tu santo monte, y a tus moradas" (Sal. 43:3).

"He aquí, tú amas la verdad en lo íntimo, y en lo secreto me has hecho comprender sabiduría" (Sal. 51:6).

"Mas el que practica la verdad viene a la luz, para que sea manifiesto que sus obras son hechas en Dios" (Jn. 3:21).

"Porque la ira de Dios se revela desde el cielo contra toda impiedad e injusticia de los hombres que detienen con injusticia la verdad... ya que cambiaron la verdad de Dios por la mentira, honrando y dando culto a las criaturas antes que al Creador, el cual es bendito por los siglos. Amén" (Ro. 1:18, 25).

"Porque si pecáremos voluntariamente después de haber recibido el conocimiento de la verdad, ya no queda más sacrificio por los pecados" (He. 10:26).

11

$\mathcal{E}$n busca del entendimiento: Una fe clara

Benditos los que ven cosas hermosas en lugares
humildes donde otros no ven nada.

CAMILLE PISSARRO

$\mathcal{E}$s probable que nunca hayas oído hablar de mi ciudad natal, Sidney (Montana). Puede que nunca hayas estado en Montana. La población del estado es aproximadamente 967.000 personas. Algunos dicen que tiene más ganado que habitantes, pero se conoce como el estado del "gran cielo", porque en una noche despejada, el cielo es majestuoso. Verdaderamente, los cielos declaran la gloria de Dios.

A lo largo del tiempo, he tenido el privilegio de ver la gloria de Dios en la vida de mujeres que enfrentaron heridas emocionales del pasado, obstáculos desalentadores del presente y oportunidades prometedoras para el futuro con una fe clara en Dios. Ha sido un privilegio para mí porque he aprendido mucho de ellas sobre lo que significa caminar por fe. Estuve cuando escucharon noticias que todas tememos escuchar: "El bulto que tienes en el pecho es cáncer", "Tu hijo tuvo un accidente automovilístico terrible", "Me temo que el corazón del bebé ya no late". Desde luego, son noticias aterradoras, pero estas mujeres llenas de fe las enfrentaron y lloraron durante el duelo sin autocompasión ni amargura. Se aferraron a Dios con fuerza y confiaron en su bondad, dirección y fortaleza en los momentos más oscuros de sus vidas.

¿Fueron estas mujeres profundamente heridas? Por supuesto,

pero *no perdieron la esperanza* en medio de su sufrimiento. Miraron al Señor en medio del dolor y de las lágrimas, en vez de tratar de hallarle sentido a la situación. La expresión en sus ojos revelaba tranquilidad y confianza interior, no en que todo iba a resultar como querían, sino en que podían confiar en Dios a pesar de todo. Aun cuando la vida lastima, quienes confían en Él saben que camina con ellas, comparte sus lágrimas y temores, y obra para su bien. Aunque el proceso de refinamiento duele mucho, las Escrituras prometen que el fin será bueno, que el Señor probará y refinará nuestra fe, y que nos acercará a Jesús. Dios siempre termina la obra que comienza, así que puedes estar segura de que perfeccionará la buena obra que comenzó en ti (Fil. 1:6). ¡Le encanta hacer surgir belleza de las cenizas!

También he visto hijas de Dios cuya fe las ha impulsado a intentar cosas grandes para Él. Creían tanto en su gracia sublime que anhelaban honrarlo en todo lo que hacían. Al mirar a su alrededor, vieron a otras mujeres perdidas y en dificultades, como ovejas sin pastor, y sintieron que Él las llamaba para ayudarlas de cualquier forma que pudieran.

Para ser sincera, también he visto una expresión en los ojos de algunos líderes que me asusta porque revela su deseo de obtener fama personal, en vez de servir con humildad. Sin embargo, quienes tuvieron fe genuina y centrada en Cristo fueron increíblemente decididos, y actuaron por compasión, no por arrogancia.

Cuando pienso en mujeres de Dios que no solo miran a Jesús en medio de su dolor, sino que buscan la manera de ayudar a otros, me viene una palabra a la mente: *sabiduría*. Su percepción de Dios, de ellas mismas, de la tragedia y de las puertas abiertas se basa en una visión de la realidad que es precisa y esperanzadora. Un diccionario define la sabiduría como "el conocimiento, y la capacidad de utilizarla correctamente; el conocimiento de los mejores fines y mejores medios; discernimiento y juicio, discreción; sagacidad; habilidad; destreza". Podemos reducir esta definición y decir que sabiduría es el conocimiento aplicado, el entendimiento en acción o quizás, el valor de enfrentar la realidad y responder con fe.

La sabiduría no es fácil de obtener, ¡no nacemos con ella! Como vimos en el último capítulo, Salomón nos recuerda que la fuente de la sabiduría verdadera es una profunda reverencia hacia el Señor. Pablo nos explica que la sabiduría es elemental para comunicarse con nuevos creyentes "para que sean consolados sus corazones, unidos en amor, hasta alcanzar todas las riquezas de pleno entendimiento, a fin de conocer el misterio de Dios el Padre, y de Cristo, en quien están escondidos todos los tesoros de la sabiduría y del conocimiento" (Col. 2:2-3). "Las riquezas de pleno entendimiento" era lo que el apóstol quería que las personas obtuvieran de su ministerio. Y, ¿cuál es la fuente principal? Todos los tesoros de la sabiduría y del conocimiento están escondidos en Cristo.

Los tesoros escondidos nos fascinan porque prometen riquezas incalculables, pero encontrarlos requiere tiempo, energía y determinación. Las mujeres que tienen entendimiento verdadero sobre Dios y sobre la vida, saben muy bien cómo es la búsqueda. Todas, sin excepción, están comprometidas con el estudio de la Palabra de Dios. No se limitan a leer uno o dos versículos, para luego cerrar la Biblia y continuar con su día. Buscan el mensaje de Dios en un pasaje y estudian cómo aplicar esa verdad en sus vidas para actuar con determinación, según la sabiduría divina.

La luz de la verdad de Dios alumbra las motivaciones más profundas de sus corazones y sus comportamientos más arraigados. En vez de escapar del dolor y dedicarse a ver demasiada televisión, comer o ir de compras, las mujeres sabias enfrentan su dolor y experimentan la sanidad gradual de Dios para sus dolores más profundos. En vez de sentirse impulsadas a demostrar su valor alcanzando más logros que los demás, dan gracias a Dios por su fortaleza, y afirman a quienes tratan de hacer lo correcto por razones correctas. En vez de controlar a los demás de forma compulsiva porque su propia vida está fuera de control, aprenden a confiar en Dios y permiten que las personas tomen sus propias decisiones. En vez de buscar una paz efímera mediante la prosperidad, el prestigio y las posesiones, sienten verdadera satisfacción en el amor y en el propósito de Dios, tanto si tienen mucho como si tienen poco.

Cuando otros ridiculizan e ignoran a estas sabias mujeres y murmuran sobre ellas, no se vengan de la misma manera, sino que escogen perdonar. Se enfrentan a las calamidades con una confianza firme en la bondad de Dios y exploran oportunidades con un corazón agradecido por todo lo que Él hace por ellas, y con compasión sincera hacia otros. Todas estas transformaciones provienen de la Palabra de Dios, la cual penetra hasta lo profundo del corazón y cambia nuestras vidas desde adentro hacia afuera.

La increíble Abigail

Alguien de la gran nube de testigos que quiero conocer cuando llegue al cielo es Abigail porque era una mujer excepcional. La historia de Israel nos cuenta que se interpuso entre dos hombres impetuosos, dijo la verdad con gracia y detuvo una ira asesina. Es la personificación de una fe clara.

Nabal, su esposo, era un hacendado adinerado que vivía cerca de la ciudad de Carmel, la cual era montañosa y costera. Cuando el rey Saúl persiguió a David y a sus hombres por todo el país con el fin de matarlos, David buscó amigos donde pudo. Por un tiempo, algunos de sus hombres vivieron cerca de los rebaños de Nabal y protegieron a las ovejas de los lobos y de los ladrones. Cuando llegó el tiempo de esquilarlas, David mandó a diez hombres para pedirle provisiones a Nabal. Después de todo, habían servido fielmente sin pedir nada a cambio, pero ahora necesitaban un amigo que pudiera darles alimentos. Aunque el hombre era sumamente rico y pudo darles comida en abundancia a David y a sus hombres, los rechazó con insultos intencionados.

David era un gran líder, pero en ese momento de su vida, estaba bajo intensa presión. Un movimiento en falso significaba su muerte y la de sus seguidores. Sus hombres le habían servido a Nabal, pero ahora este hombre rico no quería mover un dedo para ayudarles. Cuando David escuchó la noticia, ¡estalló! Les dijo a sus hombres que tomaran sus espadas y llevó a 400 con él hacia Carmel para hacer que Nabal pagara por su insolencia.

Alguien le dijo a Abigail que David estaba de camino. Ella pudo haberse escondido por temor o tomar partido por uno u otro. De hecho, cuando pienso en su vida con un esposo tan cruel, me sorprende que no hubiera visto ese momento como una oportunidad para deshacerse de Nabal. Si David lo mataba, ella sería completamente inocente y no tendría que sufrir su maltrato de nuevo. Pero Abigail no se escondió ni se unió al ataque, sino que respondió con verdadera sabiduría.

Ella sabía que David y sus hombres necesitaban provisiones con desesperación, por lo que cargó sus burros rápidamente con panes, vino, cordero guisado, grano, pasas y panes de higo seco: todo un festín para David y sus hombres. Ella salió a su encuentro, antes que alcanzara a Nabal, y allí disipó su furia con regalos generosos y palabras gentiles. No se peleó con David ni defendió la crueldad de su esposo, sino que le rogó que aceptara su regalo de comida para él y sus hombres. Con una diplomacia sorprendente, le recordó su rol futuro como rey de Israel. Sus palabras evocaron recuerdos sobre su victoria sobre Goliat y reconoció la situación difícil que estaba pasando por escapar de Saúl. Sin embargo, lo animó a detenerse, porque necesitaba una conciencia tranquila cuando se convirtiera en rey:

> Aun si alguien te persigue y trata de matarte, tu vida está unida a los que viven conforme a la voluntad del Señor tu Dios; él destruirá a tus enemigos y los arrojará lejos, con la facilidad con que se arroja una piedra con la honda. Cuando el Señor te establezca como príncipe del pueblo de Israel, tal y como te lo ha prometido, ningún remordimiento empañará tu dicha, pues te contuviste y no derramaste sangre sin motivo, ni te vengaste por ti mismo. Que Dios te proteja, señor mío,

y espero que te acuerdes de esta sierva tuya cuando el Señor te dé su bendición (1 S. 25:29-31, RVC).

Casi puedo ver la transformación de la cara de David mientras escuchaba a Abigail: su furia feroz se fundió poco a poco en una calma tranquila mientras entendía el razonamiento de la mujer, y veía su amabilidad y fortaleza.

> David le dijo a Abigaíl: «Bendito sea el Señor, Dios de Israel, que hoy te envió a mi encuentro. Y bendigo a Dios por ti y por tu razonamiento, porque gracias a ellos me has impedido derramar sangre inocente y vengarme por mi propia mano. Te juro por el Señor, el Dios de Israel, que él me ha impedido hacerte daño. Si no te hubieras apresurado para venir a mi encuentro, entre hoy y mañana tu esposo Nabal se habría quedado sin sirvientes, pues todos habrían muerto» (vv. 32-34, RVC).

David aceptó los alimentos que Abigail le regaló, le dio las gracias y la envió a casa. Sin embargo, la historia no termina ahí. Dios honró la fe de la mujer de una forma espectacular (una que no podría garantizarles a otras personas maltratadas que actúan con sabiduría). El día siguiente no fue bueno para Nabal: se despertó con resaca, escuchó sobre el encuentro de Abigail con David y sufrió un ataque cardíaco. Días después, murió. Cuando David escuchó la noticia, le pidió a Abigail que se casara con él.

Me maravillo ante la sabiduría de Abigail. Cuando quedo en medio de dos personas poderosas, generalmente quiero huir y ocultarme, o controlar la situación para que desaparezca el conflicto. Abigail no hizo lo uno ni lo otro. Se dio cuenta de que la situación era peligrosa, actuó con rapidez para suplir las necesidades de David y apeló al razonamiento en base al futuro. No le exigió que obedeciera sus deseos ni se escondió con temor mientras esperaba que el problema desapareciera. Su entendimiento sobre la situación se mezcló con dosis saludables de humildad y audacia, y Dios la honró.

> En cualquier percepción de la verdad hay un éxtasis
> divino, un delirio inexpresable de alegría.
>
> HENRY DAVID THOREAU

Una nueva perspectiva

La sabiduría es un rasgo increíblemente atractivo y poderoso en la vida de una mujer. Sin embargo, con frecuencia reaccionamos ante las personas y las situaciones, en vez de verlas a través de los lentes de la fe. Puede que escuchemos sermones cada semana, participemos en estudios bíblicos y leamos la Biblia a menudo, pero muchas no dejamos que la verdad de Dios penetre en nuestro corazón y nos dé ojos de fe. A veces, nuestras respuestas ante las heridas, las dificultades y las oportunidades revelan la verdad dolorosa de que no creemos que Él nos ama, que tiene el poder o la voluntad de cambiar nuestras vidas, y que su camino es mejor. Puede que ocupemos un asiento en la iglesia o una silla en el estudio bíblico, pero los ojos de nuestro corazón están todavía velados por egoísmo y temores insignificantes. El escritor de la carta a los Hebreos dice: "En realidad, sin fe es imposible agradar a Dios, ya que cualquiera que se acerca a Dios tiene que creer que él existe y que recompensa a quienes lo buscan" (He. 11:6, NVI). Debo mirarme al espejo mientras digo estas palabras: a veces, vivimos como si Él ni siquiera existiera. Nuestros sentimientos nos dicen que estamos totalmente solas, desesperanzadas y desamparadas, y creemos a nuestras emociones, en vez de creer en la Palabra de Dios. A continuación, describiremos tres verdades importantes que nos ayudarán a vivir con una fe perspicaz.

Le pertenezco a Dios

Él no es distante ni apático, inhumano ni cruel. El poeta Francis Thompson lo describió como "el sabueso del cielo" que nos persigue. Después de atraparnos, nos acoge en su familia, nos declara coherederos con Cristo y derrama su amor sobre nosotros. El profeta Isaías nos cuenta que Dios ha escrito nuestros nombres en las palmas de sus manos, una forma metafórica de decir que nunca nos va a olvidar. Él lo sabe y lo ve todo, así que vivimos bajo su mirada cariñosa 24 horas al día, siete días a la semana. Cuando estamos en nuestro mejor momento, lo celebra con nosotros; cuando estamos en el peor, nos invita a confiar en que nos guiará y nos dará fuerzas. Pablo dijo a los creyentes de Corinto que habían sido comprados por un precio, por eso ya no eran sus dueños. No debemos vagar mientras tratamos de encontrar un lugar en la vida, tenemos un lugar increíble como hijas del Rey: somos amadas, perdonadas, aceptadas y preparadas por Él para impactar en la vida de quienes nos rodean.

Es fácil sentir que Dios está con nosotras cuando cantamos alabanzas un domingo por la mañana, pero no está menos presente cuando nos arreglamos el cabello, cambiamos pañales o escribimos contratos. Cuando nos sentimos confundidas, podemos confiar en que nos dará dirección. Si sentimos enojo, podemos pedirle que nos ayude a tratar su origen. Cuando estamos desesperanzadas, podemos agradecerle porque siempre se preocupa por nosotras y trabaja para lograr sus buenos propósitos en nuestras vidas.

Somos egocéntricas por naturaleza. Queremos lo que queremos cuando lo queremos, pero en realidad, esta actitud exigente no permite que recibamos los deseos de nuestros corazones. Queremos sentirnos especiales y valoradas, pero alejamos a las personas y hacemos que nos tengan miedo. Sin embargo, al darnos cuenta de que le pertenecemos a Dios, podemos relajarnos, dejar nuestras exigencias de lado y confiar en que Él sacará lo bueno de cada situación de nuestras vidas. Desde luego, no podemos garantizar que todo saldrá como queremos, pero podemos estar seguras de que Dios tejerá una hermosa tela con los hilos rotos de nuestras vidas.

Cada momento difícil y cada oportunidad son pruebas que Dios ha diseñado para fortalecerme

Santiago y Pedro nos advirtieron de que no debemos sorprendernos al enfrentar una prueba. Las dificultades son una forma de vivir hasta que veamos cara a cara al Señor. Nuestras pruebas pueden venir en todas las formas, tamaños e intensidades, y en cualquier momento. A veces, nos abruman de repente como tragedias; otras, se paran como puertas abiertas que nos retan a atravesarlas. Sin importar los detalles, Dios las usa para moldear nuestras vidas.

A la mayoría no nos gustan las pruebas, pero no habríamos terminado la escuela si las hubiéramos evitado. Teníamos que enfrentarlas o reprobarlas. El Señor es nuestro gran Maestro; nos prueba por buenos motivos (no para destruirnos) y nunca nos da pruebas que sean demasiado difíciles de superar. A veces, parecen abrumadoras, pero Él nos ofrece valor para enfrentarlas.

Las pruebas espirituales son como los exámenes que hicimos en la escuela: nos muestran si vamos bien y dónde necesitamos mejorar. Al principio de nuestras vidas cristianas, tienen que ver con comportamientos evidentes como decir la verdad o mentir, animar a otros o condenarlos. Sin embargo, en los cursos superiores de la experiencia cristiana, Dios prueba nuestros motivos para ver quién queremos que reciba la atención: Él o nosotras. Cada prueba es un momento oportuno para aprender, no una calamidad sin sentido ni esperanza. Cada prueba proviene de nuestro Dios bueno, afectuoso y sabio. Él utiliza estas situaciones para cumplir sus propósitos en nuestras vidas, y nos ofrece su ayuda en cada paso del camino.

Si pensamos que las dificultades son absurdas, nos resistiremos y nos enojaremos con Dios porque permite que sucedan. Con el tiempo, un corazón de fe las acepta como escalones para llegar a la madurez.

Seguiré la dirección de Dios

Puede que queramos escapar de las situaciones difíciles y disfrutar de la comodidad cada día, pero eso solo pasa en el mundo de las hadas, no en la vida real. El peregrinaje cristiano es la aventura más emocionante que la vida pueda ofrecer, pero las aventuras mezclan peligro con aburrimiento. Dios es un Padre cariñoso que sabe qué es lo mejor para nosotras; y si le prestamos atención, nos guía con su Espíritu a través de su Palabra y mediante el consejo de amigas maduras. A veces, necesitamos actuar de inmediato como Abigail, pero a menudo, Él nos enseña a esperar. Durante ese tiempo, nos prepara con el fin de enfrentar las dificultades que se presenten y también prepara a quienes se van a relacionar con nosotras. Cuando queremos apartarnos de alguien que nos lastima, quizás Dios nos lleve a recordar la relación y decirle la verdad a la persona. Cuando buscamos venganza, nos ordena que perdonemos al otro. Si quienes nos rodean están en necesidad, nos llena con su amor y nos da energía mediante su Espíritu para ministrarlos en su nombre. A veces, nos dice que descansemos un poco; otras, cambia nuestro rumbo para que le sirvamos de manera más eficaz.

Dios no necesariamente nos da instrucciones claras en el momento en que se las pedimos. Con frecuencia, debemos buscarlo a Él y pedir su dirección. Su falta de respuesta no implica desinterés, sino que es su manera de mantenernos sedientos de Él y de sus propósitos. La fe clara no necesita que Dios haga lo que sea para complacernos. Antes bien, confía en que Él nos guiará y esa confianza crece a medida que nos encamina de diferentes maneras.

> Tu opinión es tu opinión, tu percepción es tu percepción. No las confundas con los hechos reales o con la verdad.
>
> JOHN MOORE

Un paso adelante

Vivimos en un mundo de distracciones y engaños. Es el agua en que nadamos, así que ¡seríamos insensatas si pensáramos que podemos nadar sin mojarnos! Algunas mujeres adquirieron sabiduría de sus padres y les transmiten conocimientos prácticos a sus hijos y a sus amigos. Otras aprendieron a ser sabias por las malas, tuvieron que volver a empezar y construir las bases de su vida sobre la verdad de Dios. Se apartaron de sus actitudes y acciones insensatas para llegar a ser sabias lentamente y con dolor. Son mis heroínas.

El cambio verdadero no se da por arte de magia ni viene de golpe; llega poco a poco, a medida que la verdad de Dios transforma nuestro concepto de Él, de nosotras y de la vida. Después de describir la gracia infinita de Dios en los primeros 11 capítulos de su carta a los creyentes en Roma, Pablo escribió:

> Así que, hermanos, yo les ruego, por las misericordias de Dios, que se presenten ustedes mismos como un sacrificio vivo, santo y agradable a Dios. ¡Así es como se debe adorar a Dios! Y no adopten las costumbres de este mundo, sino transfórmense por medio de la renovación de su mente, para que comprueben cuál es la voluntad de Dios, lo que es bueno, agradable y perfecto (Ro. 12:1-2, RVC).

La palabra griega para "transfórmense" es la misma que se usa para describir el proceso de metamorfosis de una larva a crisálida y, finalmente, a una mariposa hermosa. ¿Cómo se da ese proceso tan drástico en nosotras? Por la renovación de nuestra mente a medida que la verdad de Dios penetra en las grietas de nuestros pensamientos, deseos, intenciones, actitudes y acciones en profundidad.

La mayoría nos fijamos propósitos de distintas clases, en especial, para Año Nuevo, pero también en otras ocasiones. Los propósitos se vuelven realidad si nos comprometemos en el proceso de cambio. Los esfuerzos a medias no son suficientes. Necesitamos persistencia, metas claras y la confianza de que nuestro esfuerzo producirá beneficios maravillosos. A menudo, pensamos en este tipo de compromiso cuando queremos bajar una o dos tallas de ropa, pero también lo necesitamos para permitir que Dios renueve nuestra mente. Los beneficios de la sabiduría son enormes. Nos preocupamos menos, administramos el dinero de forma más prudente, disfrutamos más de nuestras amistades y encontramos mucha más satisfacción y emoción. Sin embargo, no se da por ósmosis mientras estamos sentadas en la iglesia; se da cuando comprometemos nuestra mente y corazón con la voluntad de Dios y sus caminos.

Al abrir la Biblia, algunas nos sentimos como si hubiéramos tomado un periódico ruso: estamos seguras de que tiene sentido para alguien, pero no para nosotras. Por esta razón, la dejamos y seguimos sin aprender nada. Sin embargo, un esfuerzo pequeño de leer las Escrituras produce resultados increíbles. Para llegar a entender su verdad, debes entender a quién le escribía el autor de cada libro y cuál era su propósito. Puedes leer esa información en la introducción de cada libro, en una buena Biblia de estudio. Me gusta animar a las personas a que lean un libro dos o tres veces (a lo mejor puedes leer Filipenses en menos de diez minutos). A la tercera lectura, comienzas a notar patrones de pensamiento y el hilo de razonamiento del autor. Después, puedes centrarte en una sección a la vez, uno o dos párrafos, para profundizar más.

Cuando estudies esas secciones pequeñas, no corras como si tacharas algo de tu lista de tareas pendientes. Antes de empezar, pídele a Dios que te hable y detente varias veces para pedirle entendimiento mientras estudias. Considera el patrón que se traza en 2 Timoteo. Pablo escribió: "Toda la Escritura es inspirada por Dios, y útil para enseñar, para redargüir, para corregir, para instruir en justicia, a fin de que el hombre de Dios sea perfecto, enteramente preparado para toda buena obra" (2 Ti. 3:16-17). Después, te sugiero que te hagas estas cuatro preguntas:

- ¿Qué me enseña este pasaje de las Escrituras sobre Dios, sobre mí y sobre la vida?
- ¿De qué manera mi vida no cumple con esta enseñanza?
- ¿Qué cambios debo hacer?
- ¿Cómo puedo hacerlos y adquirir hábitos nuevos?

Cuando leemos las Escrituras, especialmente los Salmos, encontramos la expresión sincera de las emociones. Es algo real y sin censura. Los escritores hablan de la profunda decepción que sienten hacia Dios, su desesperación porque Él no obró de la manera que esperaban y su temor ante las amenazas que enfrentan. No obstante, en casi todos los casos, llegan a la conclusión de que Dios es soberano, fiel y confiable, incluso en las situaciones más difíciles.

Además de estudiar la Biblia, trata de encontrar mujeres que busquen a Dios y su verdad, y pasa tiempo con ellas. Pregúntales cómo han obtenido entendimiento sobre diferentes aspectos de sus vidas y préstales mucha atención a sus respuestas. Descubre cómo confiaron en que Él sanaría sus heridas emocionales, cómo responden ante los obstáculos y las oportunidades que enfrentan, e imita su fe.

Al reflexionar sobre los principios en este capítulo, ¿pensaste en alguien? ¿Quién te proporciona en tu vida el mejor ejemplo de una fe clara? Si alguien ha sido para ti un modelo de entendimiento y sabiduría, dedica unos minutos para agradecerle. Luego, conviértete en un modelo que otros puedan seguir.

Sana tu herida

1. ¿Cómo describirías a una persona con fe clara?

2. Lee Colosenses 2:2-3. ¿De qué manera es Cristo una fuente de sabiduría y conocimiento?

3. Lee 1 Samuel 25. ¿Cómo esperaríamos que una mujer

maltratada respondiera ante tal situación? ¿Cómo demostró Abigail sabiduría en su respuesta a la crisis?

4. Si vivimos de acuerdo con las siguientes declaraciones, ¿de qué forma seremos más sabias?

• Le pertenezco a Dios.
• Cada momento difícil y cada oportunidad es una prueba que ha diseñado para fortalecerme.
• Seguiré su dirección.

5. Lee Romanos 12:1-2. ¿Qué beneficios recibes cuando la Palabra de Dios renueva tu mente?

6. Lee 2 Timoteo 3:16-17. ¿Tienes un método estimulante y eficaz para estudiar la Biblia? Si no, trata de responder las cuatro preguntas que se mencionaron en el capítulo respecto a uno o dos párrafos de las Escrituras, y pídele a Dios que te dé más sabiduría durante el tiempo en el que meditas en la Palabra.

Pasajes bíblicos sobre la fe clara

"Los hombres malos no entienden el juicio; mas los que buscan a Jehová entienden todas las cosas" (Pr. 28:5).

"Entonces entenderás el temor de Jehová, y hallarás el conocimiento de Dios. Porque Jehová da la sabiduría, y de su boca viene el conocimiento y la inteligencia" (Pr. 2:5-6).

"Pero sabemos que el Hijo de Dios ha venido, y nos ha dado entendimiento para conocer al que es verdadero; y estamos en el verdadero, en su Hijo Jesucristo. Este es el verdadero Dios, y la vida eterna" (1 Jn. 5:20).

"Porque Dios, que mandó que de las tinieblas resplandeciese la luz, es el que resplandeció en nuestros corazones, para iluminación del conocimiento de la gloria de Dios en la faz de Jesucristo" (2 Co. 4:6).

"Aun si alguien te persigue y trata de matarte, tu vida está unida a los que viven conforme a la voluntad del Señor tu Dios; él destruirá a tus enemigos y los arrojará lejos, con la facilidad con que se arroja una piedra con la honda. Cuando el Señor te establezca como príncipe del pueblo de Israel, tal y como te lo ha prometido, ningún remordimiento empañará tu dicha, pues te contuviste y no derramaste sangre sin motivo, ni te vengaste por ti mismo. Que Dios te proteja, señor mío, y espero que te acuerdes de esta sierva tuya cuando el Señor te dé su bendición" (1 S. 25:29-31, rvc).

"Así que, hermanos, yo les ruego, por las misericordias de Dios, que se presenten ustedes mismos como un sacrificio vivo, santo y agradable a Dios. ¡Así es como se debe adorar a Dios! Y no adopten las costumbres de este mundo, sino transfórmense por medio de la renovación de su mente, para que comprueben cuál es la voluntad de Dios, lo que es bueno, agradable y perfecto" (Ro. 12:1-2, rvc).

"Toda la Escritura es inspirada por Dios, y útil para enseñar, para redargüir, para corregir, para instruir en justicia, a fin de que el hombre de Dios sea perfecto, enteramente preparado para toda buena obra" (2 Ti. 3:16-17).

12

El deleite de Dios

Me condujo a un lugar seguro;
me rescató porque en mí se deleita.

SALMOS 18:19 NTV

Tengo una amiga cuya hija, Sara, vivió en China durante muchos años. Sara es rubia, alta y bonita. Cuando mi amiga viajó para visitarla, se sorprendió de lo que pasó varias veces mientras caminaban juntas por la calle: las jóvenes chinas de pelo negro se les acercaban, se reían y le pedían a su hija que se tomara una foto con ellas. Con frecuencia, la miraban y le decían con admiración: "¡Eres muy hermosa!".

La primera vez que sucedió, caminaron unos pasos y más jóvenes se les acercaron para pedirle una foto a Sara. Mi amiga le preguntó:

—¿Qué pasa?

—No es nada, piensan que todas las rubias son hermosas —respondió y sonrió.

Hace unos años, cuando Sara estaba en la universidad, una agencia de modelos fue al campus universitario a buscar candidatas. Un día, mientras Sara se dirigía a una de sus clases, una joven sofisticada la detuvo y le dijo:

—Trabajo en una agencia de modelos y tienes el aspecto que deseamos. ¿Podrías pasar por la agencia para hacerte una entrevista? Creo que tienes un futuro fabuloso.

Sara se sintió halagada. Por un momento, desfilaron por su mente imágenes de su foto en la portada de las revistas, pero descartó esas imágenes y contestó:

—Muchas gracias, pero no. Creo que no estoy interesada.

El valor de una afirmación está en la autoridad de quien habla. Sara no pensaba mucho en la adulación de las jóvenes chinas porque lo hacían con cualquier rubia, pero otra cosa era que una agencia de modelos le dijera que era hermosa. La belleza está en el ojo de quien mira, así que valoramos un halago si respetamos a quien lo expresa.

Nunca se ha valorado tanto la belleza física como en la actualidad. Las personas siempre se han maravillado ante una figura espléndida y un rostro bonito, pero, en nuestra cultura contemporánea, nos bombardean todo el día con imágenes de mujeres atractivas. Años atrás, las mujeres se comparaban con las jóvenes más hermosas de la comunidad agrícola vecina o con una modelo no muy bonita de un catálogo de Sears; pero hoy, nos comparamos con las bellezas altas y voluptuosas de las portadas de las revistas y de los anuncios publicitarios, con las ganadoras y las nominadas a los premios de la Academia y quizás, lo más doloroso, con las poses sensuales y las bellezas apenas vestidas de un catálogo de lencería de *Victoria's Secret* o de la última edición de traje de baño de la revista *Sports Illustrated*. En los días en los que me siento gorda, ¡tengo ganas de golpear a una de esas modelos!

Un buen número de mujeres daña sus emociones varias veces al día por jugar a compararse con las imágenes hermosas que aparecen en las revistas, en la televisión y en las películas. Es un juego que no pueden ganar. Incluso, muchas modelos y estrellas de película luchan con sentimientos de inferioridad porque se preguntan si son tan hermosas como las demás o si el paso del tiempo traerá más arrugas y arruinará su estatus de estrellas. Puede que anhelemos vernos como ellas pero, igual que nosotras, viven con el temor de no estar a la altura de las demás.

Si queremos conocer cómo ve Dios cada aspecto de nuestras vidas, no podemos ignorar este punto fundamental: su aceptación incondicional hacia nosotras es muy diferente al sistema de comparaciones y competencias del mundo. Las personas miran lo externo; Él mira nuestro corazón con atención. Cuando Dios envió a Samuel a casa de Isaí para ungir al siguiente rey de Israel, los hijos de Isaí desfilaron frente al profeta. Eran jóvenes de buen aspecto, grandes y fuertes. Samuel estaba impresionado con lo que veía, y cuando un hijo excepcionalmente bueno se paró frente a él, pensó: *¡Sin duda este es el elegido!* Sin embargo, a Dios no le importaba la belleza física, así que le corrigió: "No mires a su parecer, ni a lo grande de su estatura, porque yo lo desecho; porque Jehová no mira lo que mira el hombre; pues el hombre mira lo que está delante de sus ojos, pero Jehová mira el corazón" (1 S. 16:7). El Señor lo guió para ungir al hijo que ni el padre ni los hermanos valoraban. El joven pastor David sería el rey de Israel.

¿Quién es hermoso ante Dios? Él se deleita en aquellos cuyos corazones le pertenecen, que actúan con justicia, aman la misericordia y caminan en humildad con Él. Su corazón está también con aquellos que son imperfectos, que se consideran marginados y que se demoran en comprender su amor. Está con personas como tú y yo.

Uno de los pasajes más asombrosos, e ignorados, del Nuevo Testamento describe un momento de la noche en que Jesús fue traicionado. Mientras sus seguidores se reunían para celebrar la última cena en la Pascua, Juan dice: "Antes de la fiesta de la pascua, sabiendo Jesús que su hora había llegado para que pasase de este mundo al Padre, como había amado a los suyos que estaban en el mundo, los amó hasta el fin" (Jn. 13:1). ¿A quiénes amó hasta el final? A quienes huirían un par de horas después, cuando los guardias del templo iban a arrestarlo; a los que retrocedieron atemorizados después de su muerte; quienes se demoraron en comprender quién era y por qué había venido.

¿Cuánto los valoraba? Tanto, que se entregó a sí mismo para redimirlos. Y nos valora a ti y a mí de la misma manera.

Obras de arte grandiosas se venden a precios sorprendentes en casas de subasta de Londres, Nueva York o París, y las personas están dispuestas a pagar porque las valoran. Dios pagó un precio mucho más alto por ti y por mí, así que debe considerarnos sumamente valiosos; de otra manera, el Hijo de Dios no habría dejado la gloria del cielo para vivir, soportar burlas y morir en manos de quienes lo odiaban. Él demostró su amor maravilloso por ti y por mí.

> Las cosas más bellas del mundo no pueden verse
> ni tocarse; deben sentirse con el corazón.
>
> HELEN KELLER

No tan bella

El libro de Génesis narra una historia dolorosa que nos enseña una lección valiosa sobre la belleza verdadera. Jacob era el hijo menor de Isaac y un estafador. Con la ayuda de su madre, le robó la primogenitura a su hermano mayor. Cuando su hermano amenazó con matarlo, se escapó para vivir con su tío Labán en tierra extranjera. Su tío tenía dos hijas. Las Escrituras dicen: "Y los ojos de Lea eran delicados, pero Raquel era de lindo semblante y de hermoso parecer" (Gn. 29:17). ¿Qué quiere decir "ojos delicados"? No creo que solo necesitara anteojos, probablemente tenía unos ojos saltones u otro tipo de problema que la hacía… fea, en especial si la comparaban con su atractiva hermana.

Desde que Jacob llegó, se fijó en la bellísima hermana menor. De hecho, aceptó trabajar siete años por su mano. Sin embargo, su tío le dio su merecido en cuanto a astucia y engaño. Según la costumbre de la época, Jacob se emborrachó en la noche de bodas y entró a la habitación para acostarse con su esposa. A la mañana siguiente, se despertó, se repuso y miró a su esposa. Para su sorpresa, ¡la mujer que estaba acostada a su lado era Lea! Jacob saltó de la cama y corrió a confrontar a su astuto tío. Laban le explicó que era costumbre casar a la hija mayor primero, pero hizo un trato con Jacob: podía tener también a su hija menor si trabajaba otros siete años para él. Jacob estaba tan impresionado con la belleza de Raquel que estaba dispuesto a aceptar cualquier trato. Después de una semana con Lea, se casó con su amada.

Piensa en el impacto de la situación sobre la pobre Lea. Cada día, observaba cómo su esposo elogiaba a su hermosa hermana. La atención que Jacob le prestaba a Raquel debió apuñalar su corazón una y otra vez. Se sentía fea, menospreciada y poco deseada. Sin embargo, Dios tenía algo que enseñarle. En medio de su dolor, ella anhelaba el cariño de su esposo. Cuando tuvo un hijo, lo llamó Rubén y dijo: "Ha mirado Jehová mi aflicción; ahora, por tanto, me amará mi esposo", pero no fue así. Al tener el segundo, comentó: "Por cuanto oyó Jehová que yo era menospreciada, me ha dado también éste". Y después de su tercer hijo, aún tenía una firme esperanza, por lo que dijo: "Ahora esta vez se unirá mi esposo conmigo, porque le he dado a luz tres hijos". Pero el corazón de Jacob aún estaba unido con firmeza a Raquel.

El dolor debió ser insoportable, pero la perspectiva de Lea empezó a cambiar. Se dio cuenta de que su esperanza, su alegría y su deleite no podían estar en un hombre cuyos ojos miraban a otra mujer. Así que aprendió a verse hermosa a los ojos de Dios. Cuando tuvo su cuarto hijo, comentó: "Esta vez alabaré a Jehová" (Gn. 29:31-35).

Sin embargo, la historia del deleite de Dios no termina ahí, porque el cuarto hijo se llamó Judá. Al estudiar el resto de las Escrituras, descubrimos que al Mesías lo llamaban el "León de Judá". Jesús provino de esta tribu, así que la esperanza del mundo tenía su origen en Lea, no en Raquel. La lección importante es que Dios invierte el sentido de la belleza. Ama a cada persona (sea hermosa, poco agraciada o fea) y encontramos de forma repetida en las Escrituras que Dios se deleita de manera extraordinaria mostrándoles su favor a mujeres que el mundo considera prescindibles.

> Belleza es cuando observas los ojos de una
> mujer y ves lo que hay en su corazón.
>
> NATE DIRCKS

===== Una nueva perspectiva =====

¿Cuánto tiempo dedicamos a lucir más hermosas para ser aceptadas? Desde luego, no estoy sugiriendo que renunciemos a cuidarnos, pero recomiendo que revisemos cuán obsesionadas estamos con la belleza. En lugar de causarnos más daño emocional al mirar una revista o al vernos en el espejo, podemos estar seguras de que Dios nos valora y se deleita en nosotras tal como somos. Compararnos con otras personas, de los medios de comunicación o del supermercado, nos roba alegría y perspectiva. Por esta razón, necesitamos que Dios nos corrija con ternura.

Aunque los demás no nos aprecien, Él sí lo hace; aunque los que se comprometieron solemnemente a valorarnos hayan fallado, Dios no deja de tenernos en la más alta estima. Igual que el amor de Jesús por sus discípulos, que se confundían con frecuencia, el amor de Dios por nosotros no se condiciona ni nos pide que seamos algo que no somos. Él nos ama por quienes somos, y esa clase de amor nos transforma desde adentro hacia afuera. A medida que nuestros corazones se deleitan en su amor tierno y fuerte, nuestros ojos comienzan a demostrarlo. Se suavizan las líneas de expresión que causan la preocupación y el resentimiento, y nuestra mirada defensiva empieza a transmitir bondad y confianza.

En un momento crucial para la nación de Israel, el pueblo le dio la espalda a Dios y sufrió las consecuencias del cautiverio. Incluso así, Él no los abandonó. El profeta Isaías cita una declaración hermosa sobre las intenciones misericordiosas de Dios hacia ellos:

Ahora, así dice Jehová, Creador tuyo, oh Jacob, y Formador tuyo, oh Israel: No temas, porque yo te redimí; te puse nombre, mío eres tú. Cuando pases por las aguas, yo estaré contigo; y si por los ríos, no te anegarán. Cuando pases por el fuego, no te quemarás, ni la llama arderá en ti. Porque yo

Jehová, Dios tuyo, el Santo de Israel, soy tu Salvador; a Egipto he dado por tu rescate, a Etiopía y a Seba por ti (Is. 43:1-3).

Dios no promete evitarnos las decepciones y los problemas, pero nos asegura que le pertenecemos, sin importar lo que suceda. La orden que más se cita en la Biblia es "No teman". En este pasaje, Dios le recuerda a Israel que está en medio de ellos y que siempre lo estará. Lo mismo es cierto para nosotros. Experimentaremos toda clase de alegrías y pruebas humanas pero, en medio de ellas, Él está ahí.

En las cartas del Nuevo Testamento, Pablo nos recuerda una y otra vez la devoción eterna de Dios hacia nosotros. Nos dice que somos aceptados en el Amado, que el amor del Señor es más alto, profundo, ancho y largo de lo que podamos imaginar y que nos ha preparado para tocar las vidas de otros junto con Él (Ef. 1:5-6; 2:10; 3:18). En su carta a los creyentes en Roma, el apóstol hizo lo posible por corregir sus pensamientos y calmar sus temores. En el capítulo 8, habla con valentía a través de una serie de preguntas y respuestas sobre el temor a ser despreciado, la duda sobre el valor propio y la preocupación de que Dios pueda abandonarlos. Después de explicar el propósito grande y glorioso de Dios para sus hijos, les pregunta: "¿Qué, pues, diremos a esto? Si Dios es por nosotros, ¿quién contra nosotros? El que no escatimó ni a su propio Hijo, sino que lo entregó por todos nosotros, ¿cómo no nos dará también con él todas las cosas?" (Ro. 8:31-32). En otras palabras, si estuvo dispuesto a entregar a su Hijo para que muriera por nosotros, está claro que nos dedica atención total, especial y tierna todo el día. La cruz es el mayor indicador de la dedicación que muestra Dios hacia nosotras, así que podemos estar seguras de su amor ilimitado. Somos hermosas para Él.

Disfrutar de la vida es el mejor
cosmético de una mujer.
ROSALIND RUSSELL

==================== Un paso adelante ====================

"Tim, ¿cómo me veo?", es una pregunta que le hago cada día, tanto si la verbalizo como si no (y él ha aprendido cómo contestarla). ¡La verdad es que Dios nos ve como sus amadas todos los días! Puede que parezcamos poco agraciadas por fuera, pero Él ve nuestra belleza interior. A continuación, encontrarás tres recomendaciones que pueden ayudarte a experimentar más del deleite del Señor en ti.

Analiza tus pensamientos

Una característica de la madurez espiritual es la capacidad de examinar nuestros pensamientos para saber si son dignos, saludables y si honran a Dios. Compararnos con otros nos mata porque consume nuestra actividad mental, envenena nuestros deseos y nos roba la alegría. Cuánto puede disfrutar de la vida una mujer, si dice: *No soy tan hermosa como ella*, o *No soy tan inteligente como ella*, o *No estoy en el mismo grupo que ella*, o *No soy tan popular como ella*.

Para practicar, examina los pensamientos que tuviste hoy, ¿cuáles fueron y cómo te afectaron? ¿Cuánto tiempo pasaste comparándote (de forma favorable o desfavorable) con alguien, sintiendo lástima de ti misma porque no cumples con la norma externa del éxito o de la belleza, o culpando a otros por interponerse en tu camino y no elogiarte de la forma que crees que mereces? ¿Cuánto tiempo estuviste mirando a personas hermosas en historias o en la publicidad de revistas y de la televisión? ¿Y cuánto tiempo tomaste para dar gracias a Dios por su gracia hacia ti?

Decide qué voz escuchar

No debemos aceptar de forma pasiva los mensajes que nos envían los medios de comunicación, nuestros amigos o la familia. Podemos elegir qué voces escucharemos, a cuáles prestaremos atención y cuáles ignoraremos. No solo hablan a través de lo que oímos, sino también de lo que vemos. Reflexiona sobre los mensajes que llegan a tu mente y a tu corazón, y decide llenar tu alma con el concepto de Dios sobre la belleza verdadera. Te aseguro que será necesario luchar por este compromiso, así que prepárate para enfrentar una oposición fuerte, tal vez por parte de algunas de tus amigas más cercanas que siguen persiguiendo el sueño vacío de buscar aceptación por su belleza física.

Deléitate en el amor y en la aceptación de Dios

¿Te sientes a veces como Lea? ¿Estás convencida de que eres fea e inaceptable en lo más profundo de tu ser? Lea tenía muchas razones para creer que su esposo no la iba a aceptar, pues le prestaba atención a su bella hermana. Lea anhelaba el cariño de Jacob, pero su preferencia diaria por Raquel debió casi romperle el corazón. Igual que nosotras, tuvo que encontrar el significado verdadero de la vida, no en la belleza física ni en el cariño de un hombre, sino en Dios.

¿Se deleita el Señor hoy contigo? ¿Sientes que te ama con todo su corazón, sientes su amor entrañable y tierno? Esa es la imagen que vemos en las Escrituras. Si eres una mujer hermosa, no permitas que la belleza física defina quién eres. Ve más profundo (más allá de la piel) para encontrar la belleza verdadera en tu relación con Dios. Y si sientes que perteneces al bando de las pocas agraciadas, deja de compararte con cualquier mujer que pasa por tu lado. Detén tus pensamientos y enfoca tu corazón en el afecto eterno del Señor por ti.

Como mujer, sé que es fácil decirlo, pero ¡muy difícil hacerlo! Sabes cuán duro puede ser descansar en el deleite de Dios. Un día, estás bien porque sabes que te ama. Lo sientes y te dices: *Soy una hermosa creación del Señor.* Al día siguiente, tu confianza se estrella por causa de una compañera de trabajo, un catálogo o una publicidad en televisión. Los pensamientos de que eres fea vuelven con rapidez y dudas seriamente de que *alguien* se pueda deleitar en ti. Se te quema la cena, pierdes la paciencia con tus hijos y te acuestas con un sentimiento de completo fracaso. Refunfuñas agotada: "Nadie podría amarme".

Hermana, permíteme animarte a empapar tu corazón y tu mente en la verdad del amor de Dios por ti. Él no es inconstante, como algunos hombres que tal vez te dijeran: "Te amo"; su amor por ti es perfecto. Lucha contra los pensamientos de *Él no me ama* mediante la verdad de la Biblia: *Él me ama.* Punto, sin condiciones, no hay 'peros' que valgan. ¡Resuélvelo! Si estás anclada al amor inmutable de Jesús, estás segura.

Al leer este capítulo sobre el deleite de Dios en ti, ¿pensaste en alguien que necesita que se lo recuerden? ¿Conoces a alguien tan llena del amor del Señor que su cara proclama: "Soy profundamente amada y completamente aceptada, ¡Dios se deleita en mí!"? Espero que conozcas a alguien así y, aun más, espero que llegues a ser así.

Sana tu herida

1. ¿Cómo te sientes cuando deleitas a alguien a quien respetas?

2. Lee Génesis 29:15-30. ¿Cómo te sentirías si fueras Lea la mañana después de su boda? ¿Cómo te sentirías al ver cómo Jacob enfoca sus deseos en tu hermana todos los días?

3. Lee Génesis 29:31-35. Describe la esperanza de Lea después de tener a sus tres primeros hijos. ¿Qué pasó en su corazón que le ayudó a alabar a Dios cuando nació Judá?

4. ¿Cuál es el peligro de compararte con otras mujeres? ¿Cómo te afectan las comparaciones?

5. Lee Isaías 43:1-3 y Romanos 8:32-39. ¿Qué dicen estos pasajes sobre la devoción de Dios hacia ti?

6. Ahora, tómate unos minutos para analizar tus pensamientos, decidir qué voz escuchar y deleitarte en el amor y en la aceptación de Dios.

"Antes de la fiesta de la pascua, sabiendo Jesús que su hora había llegado para que pasase de este mundo al Padre, como había amado a los suyos que estaban en el mundo, los amó hasta el fin" (Jn. 13:1).

"Y vio Jehová que Lea era menospreciada, y le dio hijos; pero Raquel era estéril. Y concibió Lea, y dio a luz un hijo, y llamó su nombre Rubén, porque dijo: Ha mirado Jehová mi aflicción; ahora, por tanto, me amará mi esposo. Concibió otra vez, y dio a luz un hijo, y dijo: Por cuanto oyó Jehová que yo era menospreciada, me ha dado también éste. Y llamó su nombre Simeón. Y concibió otra vez, y dio a luz un hijo, y dijo: Ahora esta vez se unirá mi esposo conmigo, porque le he dado a luz tres hijos; por tanto, llamó su nombre Leví. Concibió otra vez, y dio a luz un hijo, y dijo: Esta vez alabaré a Jehová; por esto llamó su nombre Judá; y dejó de dar a luz" (Gn. 25:31-35).

"Yo, Pablo, apóstol de Jesucristo por la voluntad de Dios, saludo a los santos y fieles en Cristo Jesús que están en Éfeso. Que la gracia y la paz de nuestro Dios y Padre, y del Señor Jesucristo, sean con todos ustedes. Bendito sea el Dios y Padre de nuestro Señor Jesucristo, que en Cristo nos ha bendecido con toda bendición espiritual en los lugares celestiales. En él, Dios nos escogió antes de la fundación del mundo, para que en su presencia seamos santos e intachables. Por amor nos predestinó para que por medio de Jesucristo fuéramos adoptados como hijos suyos, según el beneplácito de su voluntad, para alabanza de la gloria de su gracia, con la cual nos hizo aceptos en el Amado. En él tenemos la redención por medio de su sangre, el perdón de los pecados según las riquezas de su gracia, la cual desbordó sobre nosotros en toda sabiduría y entendimiento, y nos dio a conocer el misterio de su voluntad, según su beneplácito, el cual se había propuesto en sí mismo, para que cuando llegara el tiempo señalado reuniera todas las cosas en Cristo, tanto las que están en los cielos, como las que están en la tierra" (Ef. 1:1-10, RVC).

"Por eso yo me arrodillo delante del Padre de nuestro Señor Jesucristo, de quien recibe su nombre toda familia en los cielos y en la tierra, para que por su Espíritu, y conforme a las riquezas de su gloria, los fortalezca interiormente con poder; para que por la fe Cristo habite en sus corazones, y para que, arraigados y cimentados en amor, sean ustedes plenamente capaces de comprender, con todos los santos, cuál es la anchura, la longitud, la profundidad y la altura del amor de Cristo; en fin, que conozcan ese amor, que excede a todo conocimiento, para que sean llenos de toda la plenitud de Dios" (Ef. 3:14-19, RVC).

"Porque somos hechura suya, creados en Cristo Jesús para buenas obras, las cuales Dios preparó de antemano para que anduviésemos en ellas" (Ef. 2:10).

13

$\mathcal{U}$n nuevo día, una nueva mujer en ti

El amor les llega a quienes siguen esperanzados,
a pesar de haber sido decepcionados; a quienes
creen, a pesar de haber sido traicionados; y a
quienes aman, a pesar de haber sido heridos.

ANÓNIMO

Durante más de un año, observé el cambio en la expresión de la cara de Janet: de confusión a confianza. Fue una transición sorprendente.

La conocí por primera vez cuando me pidió que habláramos sobre la relación con su esposo Antonio. Después de unos segundos, supe que íbamos a necesitar más tiempo para ahondar en sus problemas matrimoniales. Mientras tomábamos café a la mañana siguiente, me dijo que debió haberse dado cuenta cuando eran novios, pero había minimizado los problemas de su esposo con la bebida y su debilidad por las mujeres. Días antes de que habláramos, ella había encontrado una nota del amante de su esposo. Por años, había sospechado que Antonio le era infiel, pero él siempre le daba la vuelta a las acusaciones y le decía que ella lo pensaba debido a la culpa que sentía por su propia infidelidad. Entonces, en lugar de descubrir la verdad, ella tenía que ponerse a la defensiva.

Janet tenía la mirada vacía mientras me explicaba el dolor y la confusión que había soportado durante tanto tiempo. Le pregunté si tenía ganas de llorar o de gritar, pero simplemente me dijo: "No, ya he llorado mucho, no tengo más lágrimas". Hablamos sobre ser objetivas respecto a Antonio y a su matrimonio, entonces me dijo de forma abrupta: "Julie, ¡he vivido una mentira durante 12 años!".

Janet consultó a una consejera y, al año siguiente, asistió a un grupo de apoyo. Con la fuerza y la claridad mental que recibió de quienes habían vivido la misma situación en el pasado, confrontó a Antonio en varias ocasiones. Algunas veces, él estallaba de ira; otras, lloraba y decía que lo sentía. Sin embargo, nunca dejó de verse con la otra mujer. Finalmente, Janet le puso límites y le dijo que debía decidir. Él lo hizo: empacó sus cosas y la abandonó a ella y a sus tres hijos pequeños.

Necesitó valor para confrontar la realidad, pero ella había encontrado la fortaleza para decir la verdad y ofrecerle a Antonio la reconciliación, si estaba dispuesto a recuperar la relación. En ese momento, debido al rechazo doloroso de su esposo, Janet se sintió completamente sola, pero no lo estaba. Su consejera y sus amigas siguieron apoyándola y, con su ayuda, empezó a desarrollar una nueva vida después del divorcio. Poco a poco, su expresión cambió de confusión a enojo, después a tristeza y finalmente, a una confianza renovada de que Dios la amaba mucho y que tenía propósitos maravillosos para su vida.

Hoy, Janet es una de las mujeres más encantadoras que conozco. A veces, una expresión de compasión dolorosa atenúa la alegría de sus ojos, mientras ayuda a otras mujeres que experimentan los mismos problemas matrimoniales. Ella ha encontrado su llamado. He escuchado decir que los dolores de nuestro pasado proveen una plataforma para nuestro ministerio en el presente. Lo he visto muchas veces, incluso en la vida de Janet.

Las Escrituras son totalmente sinceras sobre cada aspecto de la vida. No presentan todo color de rosa ni negro. Haríamos bien en seguir su guía. El engaño está a nuestro alrededor, pero Dios nos llama a quitar el velo de nuestros ojos para ver con claridad. Solo entonces podremos responder de forma apropiada ante cada oración que el Señor contesta, cada prueba de fe y cada regalo de amor.

La alegría es el fuego santo que mantiene nuestro
propósito vivo y nuestra inteligencia encendida.

HELEN KELLER

La objetividad de María

Algunas tradiciones cristianas le dan mucha importancia a la madre de Jesús; otras tienden a reducir su papel en el relato de la fe. Sin embargo, María era una mujer excepcional que confiaba en Dios en medio de las circunstancias más difíciles que podamos imaginar. Probablemente, era una joven cuando el ángel Gabriel se le apareció para informarle que había sido elegida por Dios para dar a luz al Mesías prometido. Con una sorprendente claridad mental, se dio cuenta de las implicaciones y le preguntó: "¿Cómo será esto? Pues no conozco varón" (Lc. 1:34).

El ángel le explicó que el Espíritu Santo vendría sobre ella y la cubriría con su sombra. Esta sería distinta a cualquier concepción que el mundo hubiera conocido o que llegara a conocer, pues María iba a gestar al Hijo de Dios. Ella contestó con fe humilde ante esa increíble explicación: "He aquí la sierva del Señor; hágase conmigo conforme a tu palabra".

¿Ha estado una joven alguna vez en una posición tan delicada, difícil y amenazante? Ella sabía que casi nadie creería su historia, así que podía esperar que la acusaran de adúltera. ¿Cómo reaccionaría su prometido: la entendería o la rechazaría? A pesar de estos grandes obstáculos, María continuó creyéndole a Dios, confiando en que Él la guiaría, la protegería y la cuidaría.

Y Dios le preparó el camino. Mientras miles de ángeles alababan a Dios en el cielo, ella dio a luz en un establo lejos de su hogar y Dios confirmó lo que el ángel dijo nueve meses atrás. Esa noche, unos pastores corrieron desde el campo hasta el establo para ver al niño del que cantaban los ángeles. Cuando entraron, adoraron al pequeño bebé. María, combinando la objetividad sabia con la fe, lo entendió en el momento. Lucas nos dice: "Pero María guardaba todas estas cosas, meditándolas en su corazón" (Lc. 2:19).

Los relatos de los Evangelios solo muestran de forma fugaz

los años de Jesús previos a la elección de los discípulos y al comienzo de su ministerio, pero podemos imaginar cómo pudo ser la vida mientras María veía crecer bajo su techo al Mesías elegido por Dios. Cuando Jesús empezó a viajar y a proclamar el mensaje del reino, ella lo seguía con frecuencia. Imagina qué pasaba en su corazón cuando lo veía hacer milagros. ¡Ella desbordaría de orgullo! Pero también piensa cómo se sentía cuando las personas se burlaban de Él sin compasión. Sus acusaciones iracundas y amargas debieron perforar su corazón.

Si yo hubiera estado en su lugar, habría querido intervenir para defenderlo, protegerlo y controlar la situación. ¡Cualquier madre quiere hacer eso por su hijo! Sin embargo, nunca la vemos interferir. Debió entender que las reacciones ante su hijo, el Mesías, serían diversas: desde una fe maravillosa hasta recriminaciones amargas. Finalmente, debió entender que tendría que ver el sufrimiento de su hijo amado, cuando muriera por ella y por todos para perdonar nuestros pecados.

María es un ejemplo maravilloso de la confianza en Dios en medio de las dificultades, las amenazas y el rechazo. No tenía una educación formal y, probablemente, nunca estudió filosofía ni teología, pero vivía en la intersección de la realidad visible y la fe firme en un Dios invisible. Sus reacciones, desde la primera aparición de Gabriel en su habitación hasta la ascensión de Jesús al cielo, nos sirven de ejemplo mientras tratamos de vivir en esa intersección.

> Prométeme que siempre recordarás que eres más
> valiente de lo que crees, más fuerte de lo que pareces
> y más inteligente de lo que piensas.
>
> A. A. MILNE

Una nueva perspectiva

La vida de fe de una mujer es una combinación de certeza y misterio. El viaje se basa en el cimiento de la historia que se describe en la Biblia, el cual incluye los primeros días de los patriarcas, el establecimiento de la nación de Israel, la restauración misericordiosa de la nación después de pecar (una y otra vez), los relatos de la vida de Jesús y los primeros días de la Iglesia. Vivimos para alguien que no vemos, el Dios que creó todo lo que existe y cuya gloria permanece algo oculta, ya que moriríamos si lo viéramos en toda su majestad.

En una descripción maravillosa y conmovedora de una vida llena de fe, Pablo compara su cuerpo con un vaso de barro que tiene el tesoro de Cristo (2 Co. 4:7). Nosotros, los mensajeros de la verdad eterna, somos demasiado mortales, frágiles y sencillos. Dios quiere que veamos la vida a través de dos lentes: nuestros ojos físicos y los espirituales. Mientras caminamos sobre esta tierra, debemos evitar ver solamente lo que queremos ver ignorando los hechos que parecen poco convenientes o amenazantes.

Cuando David entendió que Dios lo sabe todo, lo ve todo y está presente en todas partes y en todo momento, lo invitó a que le mostrara las verdades más profundas de su vida: "Examíname, oh Dios, y conoce mi corazón; pruébame y conoce mis pensamientos; y ve si hay en mí camino de perversidad, guíame en el camino eterno" (Sal. 139:23-24). Le pidió que le mostrara las grietas de su vaso de barro, los cortes grandes que todos notaban y las finas hendiduras que nadie más podía ver. Cuando le pido a Dios lo mismo, Él me contesta. A veces, Dios me recuerda una conversación que tuve con Tim, con mis hijos o con una amiga en la que fui poco amable o exageré la verdad para decir algo importante. En ocasiones, Dios trae a la luz algún deseo oculto en mí que lo entristece. Puede que yo pensara que era legítimo porque "todo el mundo lo hace", pero Él quiere purificar mis intenciones más profundas.

Nadie dijo que fuera fácil ser completamente sincero sobre la realidad de la vida y confiar en Dios en todo momento. Pablo reconoce cuán duro es mantener lo real y lo ideal al mismo tiempo en nuestro corazón. Esta es su estrategia:

Por tanto, no desmayamos; antes aunque este nuestro hombre exterior se va desgastando, el interior no obstante se renueva de día en día. Porque esta leve tribulación momentánea produce en nosotros un cada vez más excelente y eterno peso de gloria; no mirando nosotros las cosas que se ven, sino las que no se ven; pues las cosas que se ven son temporales, pero las que no se ven son eternas (2 Co. 4:16-18).

Si solo miramos con nuestros ojos físicos, vamos a desanimarnos fácilmente y las dudas nublarán nuestros corazones. Pero si nuestros ojos espirituales se despejan más y se fortalecen, nos aferraremos a Dios en los momentos buenos y en los malos, confiadas de que Él cumplirá su voluntad (no necesariamente la nuestra) en medio de cada situación. Tendremos su perspectiva sobre las luchas de la vida y sabremos en lo profundo de nuestro corazón que Él está utilizando cada momento para moldearnos, prepararnos y usarnos con el fin de alcanzar a quienes viven a nuestro alrededor.

Pablo nos recuerda que nuestra esperanza verdadera va más allá del presente, ¡hasta la eternidad! Cuando nuestros ojos vislumbran la gloria eterna, nuestra perspectiva sobre los retos actuales cambia de enfoque. Ya no nos sentimos obligadas a escapar de los problemas ni a controlar a los demás. En cambio, entendemos que esta vida es un campo de pruebas para la eternidad. Esta es la razón por la que Pablo respondió acerca de los problemas terribles que tuvo que enfrentar con un comentario aparentemente brusco: "Porque para mí el vivir es Cristo, y el morir es ganancia" (Fil. 1:21). Lo único que importa en la vida es que Él reciba honra, no nuestra comodidad, nuestra prosperidad ni los elogios. Jesús debe ser el centro de atención para que las personas lo conozcan y lo amen. Sin embargo, Pablo nos asegura que llegará el día en que veremos a Jesús cara a cara, entonces todo se arreglará. Los problemas que nos confundieron, tendrán sentido y veremos que la mano de Dios estaba obrando incluso en medio de las situaciones más difíciles. Si tenemos una visión clara a nivel físico y espiritual, podremos aceptar la certeza y el misterio, y las incertidumbres de la vida no nos asustarán. A algunas, nos confunde el misterio porque nos hace sentir fuera de control. Sin embargo, podemos confiar en que Dios siempre tiene el control, y puede lograr mucho más de lo que podemos imaginar. El autor Dennis Covington escribió: "El misterio no es la ausencia de significado, sino la presencia de más significado del que podemos comprender".

Un paso adelante

Recuperar nuestras vidas toma mucho más que unos minutos de cirugía. Requiere una vida llena de reflexión, valor y conversación. Tal como María meditaba en su corazón para tener la perspectiva de Dios en los momentos más importantes de su vida, nosotras podemos hacer lo mismo. En lugar de cambiar de una actividad a otra sin darnos un respiro, podemos crear un momento de tranquilidad en nuestras agendas para pensar y orar. ¿Parece difícil? ¡Claro que sí! Va en contra de nuestra naturaleza y de nuestra cultura, pero es fundamental si queremos vivir en la verdad.

Igual que David, necesitamos orar con frecuencia: "Examíname, oh Dios, y conoce mi corazón; pruébame y conoce mis pensamientos; y ve si hay en mí camino de perversidad, guíame en el camino eterno" (Sal. 139:23-24), y luego escuchar. Muy a menudo, el Espíritu Santo aprovecha estas oportunidades para mostrarnos algo al instante, pero otras cosas necesitan más tiempo para aprender. Tal vez tenga que preparar nuestro corazón para que lo escuchemos, o quizás quiera traer a la luz un deseo oculto que ha estado enterrado en nosotras durante años. Sin embargo, la invitación para pedirle a Dios que nos examine no tiene que ser aterradora porque Él es misericordioso, comprensivo y paciente. Podemos confiar en que nos guiará dondequiera que vayamos, nos perdonará los pecados que nos señale y sanará las heridas que descubra.

El proceso de recuperar nuestras vidas no lo iniciamos solas. Tampoco necesitamos una multitud que nos acompañe, solo unas pocas personas, tal vez solo una. El Señor nos creó para relacionarnos con Él y con otras personas. Todas tenemos puntos ciegos y necesitamos a una amiga de confianza que nos los señale. A veces, queremos rendirnos, por eso es clave tener a alguien que nos acompañe a través la oscuridad para llegar a la luz.

A medida que se fortalece nuestra fe, podemos percibir los cambios que debemos hacer en nuestras vidas, actitudes y acciones. Sin embargo, también debemos cambiar nuestras prioridades para valorar el tiempo con Dios y permanecer en su Palabra. Necesitamos llenar nuestra mente con la gracia y la verdad para resistir los planes diabólicos y los engaños culturales con firmeza.

Acepta la certeza y el misterio. Reconoce la realidad de cada situación, pero aférrate también a la confianza de que Dios está por encima de todo, más allá de cualquier cosa que podamos imaginar. Su sabiduría es tan profunda como un océano y su amor es tan alto como los cielos. Simplemente, no podemos entender todo lo que Él es. Como respuesta a su grandeza, nos inclinamos y lo adoramos.

En la introducción de este libro, vimos la oración de Pablo en su carta a los Efesios; revisémosla de nuevo. Su oración de hace 2000 años por los creyentes es mi oración en el presente para que podamos vivir con una fe clara:

> Pido que el Dios de nuestro Señor Jesucristo, el Padre glorioso, les dé el Espíritu de sabiduría y de revelación, para que lo conozcan mejor. Pido también que les sean iluminados los ojos del corazón para que sepan a qué esperanza él los ha llamado, cuál es la riqueza de su gloriosa herencia entre los santos, y cuán incomparable es la grandeza de su poder a favor de los que creemos (Ef. 1:17-19, NVI).

Sal del cautiverio y vive en libertad. La gracia y la fortaleza de Dios pueden libertarte de tu pasado, y prepararte y darte poder para ayudar a otras mujeres (2 Co. 1:2-4). ¿Quién necesita ser rescatado en medio de los escombros de las heridas emocionales? A medida que experimentas la sanidad, acércate a otras mujeres que te rodean para mostrarles la esperanza que encontraste. Nos necesitamos unas a otras para vivir y manejar nuestras emociones locas.

¿Conoces a algunas mujeres, quizás una o dos, que estén profundamente comprometidas con la autenticidad en sus propias vidas, en sus relaciones con los demás y con Dios? Espero que conozcas al menos una persona con estas características y que puedas sentirte motivada a convertirte en alguien así. Tu vida cambiará cuando los ojos de tu corazón sean iluminados por la gracia y la verdad de Dios.

> La amistad nace en el momento en que una persona le dice a otra: "¡Qué! ¿Tú también? ¡Creí que yo era el único!".
>
> C. S. LEWIS

Sana tu herida

1. ¿Quién es la mujer más objetiva que conoces? ¿Cuáles son algunos beneficios de la objetividad en su vida? ¿Te llama la atención, te parece ofensivo o te asusta? Explica tu respuesta.

2. Lee Lucas 1:26-38. ¿De qué manera demostró María entendimiento y fe en su encuentro con el ángel?

3. Lee Lucas 2:8-20 y Juan 19:25-27. ¿De qué manera fue María objetiva respecto a todo lo que vivía su hijo?

4. Lee 2 Corintios 4:16-18 y parafrasea el pasaje. ¿Qué quiere decir Pablo al afirmar: "No mirando nosotros las cosas que se ven, sino las que no se ven"?

5. Tómate unos minutos para hacer la misma oración que hizo David al final del Salmo 139 y la oración de Pablo en Efesios 1. Escucha al Señor.

6. Menciona dos o tres lecciones que hayas aprendido en este libro. ¿Cómo pueden ser una realidad en tu vida?

Pasajes bíblicos sobre un nuevo día, una nueva mujer en ti

"De manera que nosotros de aquí en adelante a nadie conocemos según la carne; y aun si a Cristo conocimos según la carne, ya no lo conocemos así. De modo que si alguno está en Cristo, nueva criatura es; las cosas viejas pasaron; he aquí todas son hechas nuevas. Y todo esto proviene de Dios, quien nos reconcilió consigo mismo por Cristo, y nos dio el ministerio de la reconciliación" (2 Co. 5:16-18).

"Pero ustedes son linaje escogido, real sacerdocio, nación santa, pueblo adquirido por Dios, para que anuncien los hechos maravillosos de aquel que los llamó de las tinieblas a su luz admirable. Antes, ustedes no eran un pueblo; ¡pero ahora son el pueblo de Dios!; antes no habían sido compadecidos, pero ahora ya han sido compadecidos" (1 P. 2:9-10, RVC).

"Por lo tanto, ustedes ya no son extranjeros ni advenedizos, sino conciudadanos de los santos y miembros de la familia de Dios" (Ef. 2:19, RVC).

"Así que somos embajadores de Cristo, como si Dios los exhortara a ustedes por medio de nosotros: 'En nombre de Cristo les rogamos que se reconcilien con Dios'" (2 Co. 5:20, NVI).

"En efecto, habiendo sido liberados del pecado, ahora son ustedes esclavos de la justicia" (Ro. 6:18, NVI).

"Dirige la mirada hacia adelante; fíjate en lo que tienes delante de tus ojos. Piensa qué camino vas a seguir, y plántate firme en todos tus caminos. Apártate del mal. No te desvíes ni a la derecha ni a la izquierda" (Pr. 4:25-27, RVC).

"Fíate de Jehová de todo tu corazón, y no te apoyes en tu propia prudencia. Reconócelo en todos tus caminos, y él enderezará tus veredas" (Pr. 3:5-6).

"Por tanto, no desmayamos; antes aunque este nuestro hombre exterior se va desgastando, el interior no obstante se renueva de día en día. Porque esta leve tribulación momentánea produce en nosotros un cada vez más excelente y eterno peso de gloria; no mirando nosotros las cosas que se ven, sino las que no se ven; pues las cosas que se ven son temporales, pero las que no se ven son eternas" (2 Co. 4:16-18).

Notas

Introducción: Ventanas al corazón de una mujer

1. "Americans See Women as Emotional and Affectionate, Men As More Aggressive" [Los estadounidenses ven a las mujeres como emocionales y cariñosas, y a los hombres como más agresivos], Gallup News Service, 2001. http://www.gallup.com/poll/1978/americans-see-women-emotional-affectionate-men-more-aggressive.aspx

2. Tracy Wilson, "How women work" [Cómo funcionan las mujeres]. http://people.howstuffworks.com/women1.htm

3. N. T. Wright, *Following Jesus* (Grand Rapids: Eerdman's, 1994) p. 113.

Capítulo 1: Ansiosa y temerosa

1. Linda Lyons, "What Frightens America's Youth?" [¿Qué asusta a los jóvenes estadounidenses?] *Gallup*, 25 de marzo de 2009. www.gallup.com/poll/15439/what-frightens-americas-youth.aspx.

2. David Dishneau, "AP: DC Sniper Execution Causes Fear" [La ejecución del francotirador de DC causa temor]. *Sweetness & Light*, 9 de noviembre de 2009. www.sweetness-light.com/archive/ap-dc-area-relives-muhammad-terror.

3. Merle Shain, *Some Men Are More Perfect than Others* (Nueva York: Bantam, 1984).

Capítulo 2: La aflicción: El dolor nos roba la alegría

1. Ver "Domestic Violence is a Serious, Widespread Social Problem in America: The Facts" [La violencia doméstica es un problema social grave y generalizado en Estados Unidos: los hechos], *Adoption.com*, http://library.adoption.com/articles/domestic-violence-is-a-serious-widespread-social-problem-in-america-the-facts.html. Ver también C. J. Newton. "Child Abuse: An Overview" [Maltrato infantil: una visión general], *Findcounseling.com*, http://www.findcounseling.com/journal/Child-Abuse/Child-Abuse-Statistics.html.

2. "An Overview Of Abortion In The United States" [Una visión general sobre el aborto en Estados Unidos], *The Guttmacher Institute*, www.guttmacher.org/media/presskits/2005/06/28/abortionoverview.html.

3. American Psychological Association, "Briefing Sheet: Women and Depression [Hoja informativa: Las mujeres y la depresión], *APA Online*, www.apa.org/ppo/issues/pwomenanddepress.html.

4. En cuanto al síndrome de intestino irritable, ver "Statistics about Irritable bowel syndrome" [Estadísticas sobre el síndrome de intestino irritable], *CureResearch.com*, 30 de mayo de 2003. www.cureresearch. com/i/irritable_bowel_syndrome/stats.htm. En cuanto a los desórdenes alimenticios, ver "Statistics on Eating Disorders" [Estadísticas sobre los desórdenes alimenticios], *Anne Collins Weight Loss Program 2009*, www.annecollins.com/eating-disorders/statistics.htm.

5. Ernest Becker, *The Denial of Death* [*La negación de la muerte*] (New York: Free Press, 1973) p. 284. Publicado en español por Kairós.

6. Dallas Willard, *The Spirit of Disciplines: Understanding How God Changes Lives* [*El espíritu de las disciplinas: ¿Cómo transforma Dios la vida?*] (San Francisco: Harper and Row, 1988) p. viii. Publicado en español por Vida.

7. Dan Allender, *The Healing Path* (Colorado Springs: Waterbrook Press, 1999), pp. 5-6.

Capítulo 3: La llama del enojo

1. "Intermittent Explosive Disorder Affects up to 16 Million Americans" [El trastorno explosivo intermitente afecta a 16 millones de estadounidenses]. Nota de prensa del National Institute of Mental Health, junio de 2006, www.nimh.nih.gov/science-news/2006/intermittent-explosive -disorder-affects-up-to-16-million-americans.shtml.

2. Karen S. Peterson, "Why is everybody so short-tempered?" [¿Por qué todos tienen tan mal genio?]. *USA Today*, 18 de julio de 2000.

3. "Rage: Dr. Frank Farley" [La ira: Dr. Frank Farley] USA Today. com chat, 18 de julio de 2001, www.usatoday.com/community/chat/ 0718farley.htm.

4. "ABC News Poll: Minding Your Manners" [Encuesta de ABC News: Cuida tus modales]" 17 de mayo de 1999, abcnews.go.com/images/ pdf/791a1Manners.pdf.

5. Ibíd.

6. "Integra Realty Resources: Is America Suffering from 'Desk Rage?' Fights and Yelling Are Common as Layoffs and Contracting Economy Put Stress on American Workers" [Recursos inmobiliarios de Integra:

¿Los estadounidenses sufren de conducta agresiva en el trabajo? Las peleas y los gritos son comunes, mientras los despidos y la economía en contracción generan tensión entre los trabajadores estadounidenses], BNET, 13 de diciembre de 2001 findarticles.com/p/articles/mi _m0EIN/is_2001_Dec_13/ai_80763905/?tag=content;col1.

7. S. Barsade, B. Wiesenfeld, y Marlin Company. "Attitudes in the American Workplace III" [Actitudes en el ambiente de trabajo estadounidense III], manuscrito no publicado, Escuela de Administración, Universidad de Yale, 1997.

8. G. Namie y R. Namie, "Beware of Bullies at Work" [Cuidado con los intimidadores en el trabajo], *The Intelligencer Journal*, 31 de octubre de 2002.

9. D. Connell y M. Joint. "Agressive driving: Three studies" [Conducción agresiva: tres estudios], AAA Foundation for Traffic Safety, 1997, pp. 27-36.

10. "Aggressive Driving and the Law: A Symposium" [Simposio: Conducción agresiva y la ley], National Highway Traffic Safety Administration, mayo de 1999.

11. Tim Dahlberg, "Sideline rage: Violence in youth sports spreading" [Rabia adicional: la violencia se expande en los deportes juveniles]. Associated Press Archive, 2 de junio de 2001.

12. C. Puzzanchera, "Juvenile Arrests Bulletin—Juvenile Arrests in 2007 [Boletín de arrestos de menores: Arrestos de menores en 2007], U.S. Department of Justice, Office of Juvenile Justice and Delinquency Prevention, abril, 2009. http://www.ncjrs.gov/pdffiles1/ojjdp/225344.pdf.

13. H. N. Snyder y M. Sickmund. "Juvenile Offenders and Victims: 1999 National Report" [Delincuentes y víctimas menores de edad: informe nacional de 1999], Office of Juvenile Justice and Delinquency Prevention, 1999, p. 26.

14. "The Ethics of American Youth: 2008" [La ética de la juventud estadounidense: 2008], Josephson Institute Center for Youth Ethics, 2008. charactercounts.org/programs/reportcard/2008/index.html

15. D. Finkelhor, K. Mitchell y J. Wolak. "Online Victimization: A Report on the Nation's Youth" [Victimización en línea: un informe sobre la juventud de la nación], National Center for Missing and Exploited Children, junio, 2000. www.missingkids.com/en_US/publications/ NC62.pdf.

16. Dra. Nancy Nason-Clark, "When Terror Strikes in the Christian Home" [Cuando el terror golpea en el hogar cristiano], discurso de apertura de The Awakening Conference, Ft. Lauderdale, 7 de octubre de 2006.

17. Para mayor información sobre los esfuerzos por detener el tráfico de esclavas sexuales, ver www.Love146.org o www.notforsalecampaign.org.

18. Lewis B. Smedes, "Forgiveness, the Power to Change the Past" [El perdón: el poder para cambiar el pasado]. *Christianity Today*, 7 de enero de 1983.

Capítulo 4: La depresión

1. *Diagnostic and Statistical Manual of Mental Disorders* [Manual diagnóstico y estadístico de los trastornos mentales] 4ª ed., (Washington DC: American Psychiatric Association, 2000) p. 372.

2. M. W. O'Hara y A. M. Swain, "Rates and risk of postpartum depression—a meta-analysis" [Índices y riesgos de la depresión postparto: Un meta-análisis], *International Review of Psychiatry*, 1996, 8:37-54.

3. E. K. Moscicki, "Epidemiology of completed and attempted suicide: Toward a framework for prevention" [Epidemiología del intento y de la ejecución del suicidio: hacia un marco para prevención]. *Clinical Neuroscience Research*, 2001, 1:310-23.

4. *Diagnostic and Statistical Manual of Mental Disorders*, pp. 356-362.

5. O'Hara, y Swain, pp. 37-54.

6. M. A. Whisman, "Marital adjustment and outcome following treatments for depression" [Ajuste matrimonial y resultados posteriores del tratamiento de la depression], *Journal of Consulting and Clinical Psychology*, 2001, 69:125-129.

7. T. A. Grady-Weliky, "Premenstrual Dysphoric Disorder" [Trastorno disfórico premenstrual]. *New England Journal of Medicine*, 2003, 348(5): 433-37.

Capítulo 5: El deseo: Nunca hay suficiente amor

1. Extracto tomado del sermón de John Piper "Battling the Unbelief of Lust" [Batallar contra la incredulidad del deseo], DesiringGod.org, 13 de noviembre de 1988. www.desiringgod.org/ResourceLibrary/Sermons/ByDate/1988/657_Battling_the_Unbelief_of_Lust.

2. Jerry Ropelato, "Internet Pornography Statistics" [Estadísticas de pornografía en Internet], *Internet Filter Software Review,* 2006. http://internet-filter-review.toptenreviews.com/internet-pornography -statistics.html.

3. Meghan Daum, "The recession heats up romance novels" [La recesión calienta la venta de novelas románticas]. *Los Angeles Times,* 4 de abril de 2009.

4. Ropelato.

5. "About the Romance Genre" [Sobre el género de novelas románticas] Romance Writers of America, www.rwanational.org/cs/readership_ stats.

6. Visite www.faithfulandtrueministries.com y ver Doug Rosenau, *Una celebración del sexo* (Nashville: Thomas Nelson, 2003): Clifford Penner y Joyce Penner, *The Gift of Sex: A Guide to Sexual Fulfillment* (Nashville: Thomas Nelson, 2003); Shaunti Feldhahn, *Solo para mujeres* (Miami: Unilit, 2006).

Capítulo 6: La envidia y los celos

1. Frederick C. Miner, Jr. "Jealousy on the job" [Celos en el trabajo]. *Personnel Journal,* abril de 2000.

Capítulo 8: Estresada y exhausta

1. Los cuatro primeras viñetas han sido adaptadas de Kate Lorenz, "5 Signs of Job Burnout… and What to Do About It" [5 síntomas del agotamiento laboral… y qué hacer al respecto], *CareerBuilder.com,* 17 de febrero de 2009.

2. U.S. Bureau of Labor, "Current Population Survey" [Censo actual de la población], *America's Children: Key National Indicators of Well-Being* [Los niños de Estados Unidos: Indicadores nacionales claves de bienestar], www.childstats.gov/pdf/ac2011/ac_11.pdf.

3. Escala de estrés Holmes y Rahe, citado en Robert M. Kaplan y Dennis Saccuzzo, *Psychological Testing: Principles, Applications, and Issues* [Pruebas psicológicas: principios, aplicaciones y problemas] (Pacific Grove: Brooks/Cole Publishing, 1989) pp. 445-447.

4. "Economy and Money Top Causes of Stress for Americans" [La economía y el dinero son las causas principales del estrés en los

estadounidenses], *American Psychological Association*, 4 de junio de 2008, www.apa.org/news/press/releases/2008/06/economy-stress.aspx.

5. Dr. Richard Swenson, *Margin: Restoring Emotional, Physical, Financial and Time Reserves to Our Overloaded Lives* [Margen: Restauración de las reservas emocionales, físicas, financieras y del tiempo en nuestras vidas sobrecargadas] (Colorado Springs: NavPress, 2004).

6. Citado en Martha Irvine, "A generation obsessed with having more stuff" [Una generación obsesionada con tener más cosas], *The Houston Chronicle*, 23 de enero de 2007.

7. lindastone.net/qa/continuous-partial-attention.

8. www.money-zine.com/Financial-Planning/Debt-Consolidation/Credit-Card-Debt-Statistics.

9. National Sleep Foundation [Fundación Nacional del Sueño] *Women and sleep* [Las mujeres y el sueño]. National Sleep Foundation. www.sleepfoundation.org/article/sleep-topics/women-and-sleep.

Capítulo 9: El dolor profundo

1. T. Hart y C. Rennison, "Reporting Crime to the Police, 1992-2000" [Informar crímenes a la policía, 1992-2000], U.S. Department of Justice, Office of Justice Programs, marzo de 2003.

2. "Who are the Victims?—Breakdown by Gender and Age" [¿Quiénes son las víctimas? Análisis por género y edad], *Rape, Abuse & Incest National Network*, www.rainn.org/get-information/statistics/sexual-assault-victims.

3. Judith Lewis Herman, *Trauma y recuperación* (Madrid: Espasa-Calpe, 2004).

4. Natalie la citó en la 36ª entrega de los Premios de Música Gospel en 2005. La pareja que perdió al bebé son amigos de Krista Wells, compositora de la canción. www.cmcentral.com/news/3562.html.

Capítulo 10: Los puntos ciegos: Cuando tus ojos están cerrados

1. Philip Yancey, *Reaching for the Invisible God* [*Alcanzando al Dios invisible*] (Grand Rapids: Zondervan, 2004) p. 69. Publicado en español por Vida.

PORTAVOZ

NUESTRA VISIÓN

Maximizar el efecto de recursos cristianos de calidad que transforman vidas.

NUESTRA MISIÓN

Desarrollar y distribuir productos de calidad —con integridad y excelencia—, desde una perspectiva bíblica y confiable, que animen a las personas a conocer y servir a Jesucristo.

NUESTROS VALORES

Nuestros valores se encuentran fundamentados en la Biblia, fuente de toda verdad para hoy y para siempre. Nosotros ponemos en práctica estas verdades bíblicas como fundamento para las decisiones, normas y productos de nuestra compañía.

Valoramos la excelencia y la calidad
Valoramos la integridad y la confianza
Valoramos el mérito y la dignidad de los individuos
     y las relaciones
Valoramos el servicio
Valoramos la administración de los recursos

Para más información acerca de nuestra editorial y los productos que publicamos visite nuestra página en la red: www.portavoz.com